Lope de Vega

NOVELAS A MARCIA LEONARDA

Félix Lope de Vega Carpio nació en Madrid el 2 de diciembre de 1562. Su padre era bordador, hidalgo de montaña llegado a Madrid para trabajar. Lope intentó siempre ocultar la ocupación de su padre, mientras que acentuaba el hecho de ser noble, y llegó a crearse su proprio escudo nobiliario. Estudió con los jesuitas, y después cursó estudios universitarios en Alcalá. En 1578 murió su padre, y Lope empezó sus aventuras personales y literarias. En 1580 escribe su primera comedia conocida, y en 1582 entra al servicio, como secretario, del Marqués de las Navas. En 1583 se enamora de la actriz Elena Ossorio. Estos amores terminaron mal, y Lope escribió unos libelos infamatorios contra la familia Ossorio que le costaron, en 1588, el destierro de la corte durante 8 años. Antes de abandonar Madrid, raptó a la noble Isabel de Urbina, con quien contrajo matrimonio. Se instala en Valencia con su mujer, y allí entra en contacto con el grupo de comediógrafos valencianos, que dejará huella en su modo de escribir. Pasa después a Alba de Tormes, porque entra al servicio del Duque de Alba. En 1594 muere Isabel de Urbina, y en 1595 Lope regresa a Madrid. En 1598 se casa con Juana Guardo, matrimonio de conveniencia que compagina con una relación con la actriz Micaela de Luján. Durante años el poeta mantendrá dos casas y dos familias. En 1605 entra al servicio, como secretario, del duque de Sessa, estableciendo con él una relación de dependencia económica que durará hasta el final de su vida.

Del 1609 es su "Arte nuevo de hacer comedias", libro en el que describe, explica y justifica su modo de escribir para el teatro. Lope por aquella época abastecía regularmente de novedades los teatros de Madrid, de Sevilla y Valladolid. Llevaba ya escritas unas trescientas comedias, de las mil quinientas que al final de su vida afirmaba haber escrito (aunque no se conserve ni la tercera parte).

En 1610 se establece definitivamente en Madrid. En 1614, a sus cincuenta y dos años, da un paso exagerado ("Yo nací en dos extremos, que son amar y aborrecer; no he tenido medio jamás", dijo de sí mismo): se ordena sacerdote. Pero el arrebato religioso dura poco: en 1616 se enamora de Marta de Nevares, mujer casada de 26 años, y en 1617 nace su última hija, Antonia Clara. Lope se encuentra en la cumbre de su fama. Ha escrito comedias desde su juventud, siguiendo siempre el patrón que él mismo había creado y afinado, un patrón que unía el respeto hacia las expectativas del público con una inventiva y una vena poética prodigiosas, un estilo que le valió la admiración de las masas y el desprecio de los cultos de la época, como Góngora...

En 1621 Marta de Nevares queda ciega, y en 1628 pierde la razón. Lope la cuida amorosamente hasta su muerte, en 1632. Este es también el año en el que publica "La Dorotea", quizá su obra maestra. El poeta se sume en una profunda melancolía. Lope de Vega muere en Madrid el 27 de Agosto de 1635. El entierro es fastuoso, con caracteres de acontecimiento nacional, pero sus restos irán a parar a una fosa común porque el duque de Sessa se negará a pagarle una sepultura.

Las Novelas a Marcia Leonarda las escribió Lope para Marta de Nevares (Marcia Leonarda, justamente), que le había pedido a Lope que le escribiera una novela ("novela", en la época, venía del italiano "novella" y significaba novela corta o cuento). Lope compuso entonces para ella Las fortunas de Diana, que se publicará en 1621. Más adelante le escribió las tres que encontramos aquí: La desdicha por la honra, La prudente venganza y Guzmán el Bravo, que se publicarían en el libro "La Circe" (1624). Escribir novelas era nuevo para Lope, pero cumplirá el encargo lo mejor que puede, combinando en sus narraciones originalidad, entretenimiento y citas cultas, todo ello con una intención ejemplarizadora. Quizá lo más original de estas novelas sea el tono familiar, dialogado, que se mantiene en ellas. Lope "habla" continuamente con Marcia Leonarda, le da indicaciones de lectura, le explica por qué a la narración le es necesaria en un cierto momento una cita de tal o cual filósofo o una poesía de amor. Ironiza también Lope sobre "los cultos" y el uso que hacen de la lengua española, y se permite en todo momento digresiones que, de todos modos, nos da permiso para saltar. Este modo suyo de narrar hace que las Novelas a Marcia Leonarda, sin alcanzar la perfección de las Novelas Ejemplares de Cervantes, sean tan agradables para un lector moderno como debieron serlo, sin duda, para Marta de Nevares y sus contemporáneos.

EL DESDICHADO POR LA HONRA

NOVELA PRIMERA
A LA SEÑORA MARCIA LEONARDA

Pienso que me ha de suceder con vuesa merced lo que suele a los que prestan: que pidiendo poco y volviendo luego, piden mayor cantidad para no pagarlo.

Mandóme vuesa merced escribir una novela; enviéle *Las fortunas de Diana*; volvióme tales agradecimientos, que luego presumí que quería engañarme en mayor cantidad, y hame salido tan cierto el pensamiento, que me manda escribir un libro de ellas, como si yo pudiese medir mis ocupaciones con su obediencia. Pero, ya que lo intento, si no en todo, en alguna parte voy con miedo de que vuesa merced no ha de pagarme, y en esta desconfianza y fuerza que hago a mi inclinación, que halla mayor deleite en mayores estudios, aparece como la luz que guiaba a Leandro[1] la llama resplandeciente de mi sacrificio, así opuesta al imposible como a las objeciones de tantos, a que está respondido con que es muy pronto a los mayores años referir ejemplos, y de las cosas que han visto contar algunas; verdad que se hallará en Homero, griego, y en Virgilio, latino, bastantes a mi crédito, por ser los príncipes de las dos mejores lenguas; que de la santa[2] no se pudieran traer pocos si mi propósito fuera disculparme.

Confieso a vuesa merced ingenuamente que hallo nueva la lengua de tiempos a esta parte, que no me atrevo a decir aumentada ni enriquecida; y tan embarazado con no saberla, que por no caer en la vergüenza de decir que no la sé, para aprenderla, creo que me ha de suceder lo que a un labrador de muchos años, a quien dijo el cura de su lugar que no le absolvería una cuaresma, porque se le había olvidado el Credo, si no se le traía de memoria. El viejo que entre los rústicos hábitos tenía por huésped desde el principio de su vida una generosa vergüenza, valióse de la industria de no decir a nadie que se le enseñase, que a la cuenta tampoco sabía leerle. Vivía un maestro de niños dos casas más arriba de la suya; sentábase a la puerta mañana y tarde, y al salir de la escuela decía, con una moneda en las manos:

—Niños, ésta tiene quien mejor dijere el Credo.

[1] Leandro: *personaje mitológico que todas las noches cruzaba nadando el Helesponto, guiado por la luz que desde la costa le mostraba su enamorada Hero*
[2] santa: *la lengua de la Biblia.*

Recitábale cada uno de por sí, y él le oía tantas veces, que ganando opinión de buen cristiano, salió con aprender lo que no sabía.

Paréceme que vuesa merced se promete con esta prevención la bajeza del estilo y la copia de cosas fuera de propósito que le esperan; pues hágala a su paciencia desde ahora, que en este género de escritura ha de haber una oficina de cuanto se viniere a la pluma, sin disgusto de los oídos, aunque lo sea de los preceptos; porque, ya de cosas altas, ya de humildes, ya de episodios y paréntesis, ya de historias, ya de fábulas, ya de reprensiones y ejemplos, ya de versos y lugares de autores, pienso valerme, para que ni sea tan grave el estilo, que canse a los que no saben, ni tan desnudo de algún arte que le remitan al polvo los que entienden.

Demás que yo he pensado que tienen las novelas los mismos preceptos que las comedias, cuyo fin es haber dado su autor contento y gusto al pueblo, aunque se ahorque el arte; y esto, aunque va dicho al descuido, fue opinión de Aristóteles, y por si vuesa merced no supiere quién es este hombre, desde hoy quede advertida de que no supo latín, porque habló en la lengua que le enseñaron sus padres, y pienso que era en Grecia; con este advertimiento, que a manera de proemio introduce la primera fábula, verá vuesa merced el valor de un hombre de nuestra patria, tan necio por su honra, que si lo fuera el fin como el principio, la lástima le cubriera de olvido y la pluma de silencio.

En una villa insigne del arzobispado de Toledo, con todas sus circunstancias de grave, hasta tener voto en Cortes, se crió un mancebo de gentil disposición y talle y no menos virtuosas costumbres y entendimiento. Enviáronle sus padres en sus tiernos años a estudiar a la famosa academia[3] que fundó el valeroso conquistador de Orán, fray Francisco Jiménez de Cisneros, Cardenal de España, persona que peleaba y escribía, era severo y humilde, y que dejó de sí tantas memorias, que, aun siendo este lugar tan ínfimo, no se pasó sin ella.

Habiendo oído Felisardo, que así se ha de llamar este mancebo, y como si dijéramos, el héroe de la novela, algunos años la facultad de cánones[4], mudó intento por algunos respetos, y viniendo a la Corte de Felipe III, llamado el *Bueno*, aplicóse a servir en la casa de un grande de los más conocidos de estos reinos, así por su ilustrísima sangre como por la autoridad de su persona. Era la de Felisardo tan buena, sus partes y costumbres tan amables, porque, después de ser muy valiente por sus manos, era de singular modestia por su lengua,

[3] la famosa academia: *la Universidad de Alcalá de Henares*.
[4] facultad de cánones: *estudió Derecho Canónico*.

que se llevó los ojos de este príncipe y las voluntades de los amigos que le trataban, de los cuales tuvo muchos, y yo participé de su conversación y compañía algunas veces.

Mal he hecho en confesar que escribo historia de tiempos presentes, que dicen que es peligro notable; porque en habiendo quien conozca alguno de los contenidos, ha de ser el autor vituperado, por buena intención que tenga; pues no hay ninguno que no quiera ser, por nacimiento, godo; por entendimiento, Platón, y por valentía, el conde Fernán González[5]; de suerte que, habiendo yo escrito *El asalto de Mastrique*, dio el autor[6] que representaba esta comedia el papel de un alférez a un representante de ruin persona, y saliendo yo de oírla, me apartó un hidalgo, y dijo, muy descolorido, que no había sido buen término de dar aquel papel a hombre de malas facciones y que parecía cobarde, siendo su hermano muy valiente y gentil hombre; que se mudase el papel, o que me esperaría en lo alto del Prado[7], desde las dos de la tarde hasta las nueve de la noche.

Yo, que no he tenido deudo con los hijos de Arias Gonzalo, consolé al referido don Diego Ordóñez, y dando el papel a otro, le dije que hiciese muchas demostraciones de bravo; con que el hidalgo, que lo era tanto, me envió un presente.

Aquí no correrá este peligro con Felisardo, porque irá su desdicha a solas sin comprender participaciones cuando la historia fuera sangrienta.

Finalmente, señora Marcia, deseos de aumentar honor y ver la hermosa Italia llevaron este mancebo a uno de los reinos que su majestad tiene en ella, en servicio de un príncipe que había de gobernarle, como lo hizo felícisimamente. En habiendo este señor comunicado a Felisardo, puso en él los ojos, honrándole y favoreciéndole, sin envidia de los demás criados, que parece imposible; y yo no hablo en el servir, con ser vida tan miserable, cosa tan áspera como este infalible aforismo: « Si el señor os ama, los criados os aborrecen. » De que se sigue lo contrario, pues para que ellos os quieran, el señor os ha de tener en poco; mas la virtud de Felisardo, lo apacible comunicado, lo deseoso de hacer a todo gusto, y el hablar bien al dueño en ausencia y solicitar que se le hiciese a todos, venció con novedad de suceso la bárbara naturaleza del servicio.

---

[5] Fernán González: *conde castellano de la época medieval, paradigma de valentía.*
[6] autor: *en la época de Lope, un autor no era quien escribía una comedia, sino el director y empresario de la compañía que la representaba.*
[7] en lo alto del Prado: *lugar de Madrid donde muchas veces los caballeros se citaban para desafiarse en duelo.*

Gastaba algunos ratos Felisardo en escribir versos a una señora de aquella ciudad, no menos hermosa que discreta, a quien se había inclinado, y ella, por su gentil disposición, admitía en los ojos las veces que con los suyos solicitaba este favor desde la calle.

No le será difícil a vuesa merced creer que era poeta este mancebo en este fertilísimo siglo de este género de legumbres, que ya dicen que los pronósticos y almanaques ponen, entre garbanzos, lentejas, cebadas, trigo y espárragos, habrá tales y tales poetas. Dejemos de disputar si era culto, si puede o no puede sufrir esta grámatica nuestra lengua; que ni vuesa merced es de las que madrugan las cuaresmas al sermón discreto, ni yo de los que se rinden en esta materia, por parecerlo, juzgando lo que desean entender por entendido, y remitiendo al que lo escribió la inteligencia y la defensa.

Pienso que está vuesa merced diciendo: «Si queréis decirme algún soneto en cabeza de este hombre, ¿para qué me quebráis la mía? »

Pues vaya de soneto:

Quien se pudo alabar después de veros,
si puede ser, que se libró de amaros,
ni mereció quereros ni miraros,
pues que pudo miraros sin quereros.

Yo, que lo merecí sin mereceros,
mil almas, cuando os vi, quisiera daros,
si lo que me ha costado el desearos,
a cuenta recibís del ofenderos.

Mándame amor que espere, y yo le creo,
por lo que dicen que esperando alcanza,
aunque tan alta la esperanza veo.

Pero si os ha ofendido mi esperanza,
dejadle la venganza a mi deseo,
y no queráis de mi mayor venganza.

Con una criada tuvo lugar Felisardo de enviar este soneto a la señora Silvia, dama verdaderamente en quien concurrían todas las partes que hacen una mujer perfecta en sus primeros años. Apetecía este mancebo en ella lo que no tenía, porque Silvia era rubia y blanca, y él no del todo moreno y barbinegro, pero de suerte que parecía español desde del principio de una calle.

Con esta gala de escribir en verso, licencia que no se niega y libertad con que se dice más de lo que se siente, continuaba Felisardo su voluntad, y Silvia le correspondía, disimulando por su calidad lo que no hubiera hecho sin ella; así la tenían obligada los servicios personales de este mancebo y las fuerzas de amanecer en su calle, que ya ella, aunque con algún recato, se levantaba a verle.

Por no impedir el curso de este amor, hemos llegado aquí sin tomar en la boca de Alejandro, caballero insigne de esta ciudad que voy encubriendo, y notablemente rendido a la hermosura de esta dama. Parecíale al referido que pues Silvia no le amaba, no habría en el mundo quien le mereciese; con que llegó el descuido a no reparar en Felisardo, hasta que le halló más veces que él quisiera, asida la mano a una reja baja de su casa, y le pareció que en la nueva manera de conversación le favorecía.

No le agradó asimismo a Felisardo el cuidado de Alejandro, porque no le faltaban a este caballero méritos, si bien blancos y rubios, que, por ser comunes en aquella tierra, no eran tan vistos.

Con esto dieron entrambos en no dejar las noches desierta la campaña, guardando cada uno su puesto y enviando centinelas perdidas.

Sintió Alejandro que estaba en mejor lugar Felisardo, y dándole a los celos, como el verdadero amor nunca tuvo término en el amar, que así lo sintió Propercio[8], llegó a ser descompostura en su autoridad y modestia, y más declarado que solía, habiendo conducido una noche con varios instrumentos excelentes músicos, quiso que a sus mismas rejas dos voces de las mejores la cantasen así:

Deseos de un imposible
me han traído a tiempos tales,
que no teniendo remedio,
solicitan remediarme.
Dando voy pasos perdidos
por tierra que toda es aire,
que sigo mi pensamiento,
y no es posible alcanzarle.
Desengáñanme los tiempos,
y pídoles que me engañen,
que es tan alto el bien que adoro,
que es menor mal que me maten.

¡Ay Dios, qué loco amor, mas tan süave,

[8]Propercio: escritor latino que, en sus Elegías, afirmó. "el amor verdadero no sabe tener medida".

7

que me disculpa quien la causa sabe!

Busco un fin que no le tienen,
y con saber que en buscarle
pierdo pasos y deseos,
no es posible que me canse.
Vivo en mis males alegre,
y, con ser tantos mis males,
la mayor pena que tengo
es que las penas me falten.
Contento estoy de estar triste,
no hay peligro que me espante,
que, como sigo imposibles,
todo me parece fácil.

¡Ay Dios, qué loco amor, mas tan süave,
que me disculpa quien la causa sabe!

Hermoso dueño deseo,
y es tanto bien desearle,
que ver que no le merezco
tengo por premio bastante.
Tanto le estimo, que creo
que pudiendo darle alcance
si su valor fuera menos,
me posara de alcanzarle.
Para su belleza quiero
la gloria de lo que vale,
y para mí, siendo suyas,
tristezas y soledades.

¡Ay Dios, qué loco amor, mas tan süave,
que me disculpa quien la causa sabe!

No dormía en este tiempo Felisardo, que con cuidadosos pasos
había reconocido el dueño de aquellos pensamientos y de la música,
haciéndole más celos el estar tan bien escritos que el haber tenido
atrevimiento para cantarlos.

Desagradó a Alejandro sumamente la bachillería de los pies de
Felisardo, que más curiosos de lo que fuera justo traían al dueño, y
determinado a saber quién era, ya la gentileza bastantemente lo
publicaba, le dio dos gritosópiensoque en español se llaman vueltasó;
perdone vuesa merced la voz, que pasa esta novela en Italia.

Felisardo, que no era bien acondicionado en materia de la honra, cosa que solamente le hacía soberbio, declaróse a manera de enfadarse, y diciéndole que era descortesía, respondió Alejandro:

— Io non sono discortese; voi si, que havete per due volte fatto sentir al mondo la bravura de li vostri mostachi.

Creo que aquí vuesa merced me maldice, pues para decir: « Yo no soy descortés; vos, sí, que por dos veces habéis hecho sentir al mundo la braveza de vuestros bigotes », no había necesidad de hablar tan bajamente la lengua toscana. Pues no tiene razón vuesa merced: que esta lengua es muy dulce y copiosa y digna de toda estimación, y a muchos españoles ha sido muy importante, porque, no sabiendo latín bastantemente, copian y trasladan de la lengua italiana lo que se les antoja, y luego dicen: « Traducido de latín en castellano »; pero yo le doy palabra a vuesa merced de que pocas veces me suceda, sino es que se me olvida, porque soy flaco de memoria. Si vuesa merced tiene en la suya la ocasión con que se amohinaron estos dos amantes, haya de saber que Felisardo no llevó bien que le hablase en la braveza ni en el cuidado de los bigotes, que aunque no había los estantales que les ponen ahora, ya de cuero de ámbar, ya de lo que solía ser fealdad, y ahora o los hace más gruesos o los sustenta, que se llama en la botica: *Bigotorum duplicatio*; como si dijésemos, por donaire a un gordo, tiene dos barbas; no los traía con descuido, y porque se levantaban con sólo el cuidado de las manos, los llamaba obedientes, y retirándose un poco, principio de quien quiere acercarse, le dijo, la voz más alta, que nunca tuvo el enojo hijos pequeños de cuerpo:

— Caballero, yo soy español y criado del virrey; traje estos bigotes de España, no para espantar cobardes, sino para adorno de mi persona; la música lleva de las orejas este sentido.

Replicó Alejandro:

— Desde lejos pudiera oír quien las tiene tan largas, que por lo que oye, juzga que los que no conoce son cobardes; que hay hombres aquí que se las cortarán de dos cuchilladas y las clavarán a los instrumentos para que los oigan más cerca.

A tan descompuestas palabras respondió Felisardo:

— La espada es la respuesta.

Y sacándola con gentil aire, y un broquel[9] de la cinta, le hizo conocer que no desdecía de la compostura de los bigotes.

Todos los músicos huyeron, que es gente a quien embarazan los instrumentos por la mayor parte, que no se entiende en todos, y yo he conocido músico que traía bien las manos en la espalda como en

[9] broquel: *escudo pequeño.*

las cuerdas; pero, en fin, tiene disculpa con que van a guardar los instrumentos, que aventurar aquello con que se gana de comer es extrema ignorancia; demás de que quien canta está sin cólera, y no le trajeron a reñir, sino a hacer pasos de garganta, y el huir también es pasos, y se pueden hacer con los pies de armonía y música; que por eso la llaman compás, que es todo el fundamento de la música. Esto es guardar el decoro a los señores musicos que cantan en nuestra lengua, porque no son poco de temer enojados, pues con sólo venir a cantar mal a la calle de quien los hubiese ofendido pueden matar un hombre como con una pieza de artillería.

Los criados de Alejandro hicieron rostro, riñeron cuatro con uno; si eran valientes, no lo disputemos; oigamos a Carranza, que dice en su libro de la *Filosofía de la espada*: « Hay hombres de tan bajos ánimos, que no hace mucho uno solo en aventajarse a muchos. »

Y prosigue más adelante: « Cuando un hombre solo riñe con otro, se puede decir que riñe; pero si con dos o tres, ellos riñen con él, y él solo se defiende. » Y prosiguiendo esta materia, da la razón en que cuatro movimientos constituyen cuatro heridas, y que han de dar en cuatro lugares indeterminados, y que el objeto no podrá resistir a cuatro, pues a dos no pudo Hércules, como lo dice el adagio latino[10].

Cumpliendo voy lo que dije, cansando a vuesa merced con cosas tan fuera de propósito, y a que lo sean del mío; pero ¿por qué no tengo yo de pensar que vuesa merced es belicosa, y que si se hallara al lado de Felisardo, por haber nacido tan cerca de su patria, estar en el extranjero, enamorado y con buen talle, no se holgara de ayudarle, aunque fuera con voces? Las de la cuestión fueron tantas, que, acudiendo la justicia, se libró Lisardo de aquel peligro, que el vulgo amenaza a los españoles en toda Europa; en lo demás, no salió herido, y lo quedó Alejandro y dos criados suyos. Llevóle la justicia al virrey, que no estaba acostado, porque era noche de ordinario a España; mostró indignación a Felisardo, y al alguacil o capitán, como allá se llama, mucho agradecimiento de su cuidado; mandóle poner grillos y una cadena en su aposento, y en estando solos, bajó a hacérselos quitar, y dándole los brazos y una cadena de las que llaman banda, de peso de ciento cincuenta escudos (que soy tan puntual novelador que aun he querido que no le quede a vuesa merced este escrúpulo de lo que pesaba), le dijo que le contase todo el suceso.

Oyóle el príncipe con mucho gusto, y habiendo convalecido Alejandro, le hizo llamar, y llevándole al aposento de Felisardo, a

[10] el adagio latino: *"nec Hercules adversus duos"* *("ni Hércules contra dos")*.

quien para este efecto mandó poner la cadena y grillos, le dijo que mirase la pena que quería darle, que, aunque fuese destierro a España, le enviaría luego.

Alejandro, que entendió que el príncipe le obligaba por aquel camino a perdonarle, y que de no hacerlo caería en la desgracia de entrambos, escogió como discreto, y dio los brazos a Felisardo, que por estar herido su contrario, había visto y hablado a Silvia todas las noches, que desde la bizarría de la pendencia estaba más rendida.

Creció el amor, cultivado de la vista y de las privaciones de la ejecución de los deseos en conversaciones largas, que tantas honras han destruido y tantas casas han abrasado. Llegaron las palabras a darse con juramento de matrimonio, en dando el virrey a Felisardo algún grave oficio, que para la calidad de Silvia era necesario; y como amor es mercader que fía, aunque después nunca se pague, que esto tiene de señor, cuando ama, que no hay cosa que le den en confianza que no reciba, ni alguna que después, si no es por justicia, pague, permitió que Felisardo llegase a los brazos, hasta allí tan cuidadosamente defendidos, de que resultó poder encubrir mal lo que antes de esta determinación estuvo tan encubierto.

No se puede encarecer con qué común alegría celebraban sus vistas los amantes, en su imaginación esposos, y cómo revalidaba Felisardo el juramento, y Silvia le creía; que como cada uno se ama a sí mismo, por opinión del filósofo, aunque tema, da crédito, por entretener su gusto; que nadie quiso tanto al otro que no se quisiese más a sí mismo. Y así, cuando vuesa merced oiga decir a alguno, cosa que no le puede suceder, que la quiera más que a sí. dígale que Aristóteles no le sintió de esta suerte, y que a vuesa merced le consta que este filósofo era más hombre de bien que Plinio, y que trataba más verdad en sus cosas.

Notable es la fortuna con los mercaderes, terrible con los privados, cruel con los ravegantes, desatinada con los jugadores; pero con los amantes, notable, terrible, cruel y desatinada. En medio de esta paz, de esta unión, de este amor, de esta esperanza y de esta agradable posesión, se dividieron por el más extraño suceso que se ha visto en forma de hombre ni ha cabido en humano entendimiento, pues sin dar disculpa ni ocasión a Silvia, pidió licencia al virrey Felisardo para ir a Nápoles a unos negocios, y se partió de Sicilia.

¿Dije ya la ciudad? No importa, que aunque la novela se funde en honra, no vendrá por esto a menos aunque fuese conocida la persona, y yo gusto de que vuesa merced no oiga cosas que dude, que esto de novelas no es los versos cultos, que es necesario solicitar su inteligencia con mucho estudio, y después de haberlo entendido, es lo mismo que se pudiera haber dicho con menos y mejores palabras.

En sabiendo Silvia que era partido este hombre, con tan fiera e indigna crueldad del amor que le había tenido, de la honra que le había costado y de las joyas y regalos con que le había servido, comenzo a derramar inmensa copia de lágrimas, y sin comer algunos días, fue quitando a su hermosura el lustre y a su vida el término. Retirábase de noche con Alfreda, una fiel criada suya, y en un pequeño jardín que por unas rejas miraba al mar (no poca dicha, en aquella ocasión, que sus ventanas tuviesen rejas), decía:

— ¡Oh cruel español, bárbaro como tu tierra! ¡Oh el más falso de los hombres, a quien no igualaba la crueldad de Vireno, duque de Selandia —que a cuenta debía de ser dama leída en el Ariosto[11] —, ni todos los que, olvidados de su nobleza y obligación, dejaron burladas mujeres principales e inocentes! ¿Adónde vas, y me dejas sin honra y sin ti, de quien ya solamente podía esperarla? Pues habiendo partido de mis ojos tan injustamente, no me queda de quien poder cobrarla, pues la prenda que me dejas, más me la quita, y sólo podré deberle mi muerte; pues es imposible que deje de sentir tu crueldad y que su sentimiento me quita a mi la vida. ¿Quién pensara, Felisardo mío, que en la modestia y compostura de tu rostro, en la gentileza y gallardía de tu cuerpo, cupiera tan duro corazón y alma tan fiera? ¿Tú eres español, enemigo? No es posible, pues de ellos oigo decir y he leído que ninguna nación del mundo ama tan dulcemente las mujeres, ni con mayor determinación pierde por ellas la vida. Si se te ofreció alguna precisa fuerza para ausentarse, ¿por qué no me la diste por disculpa, y, despidiéndote de mí, me mataras con menos crueldad, aunque más presto? ¿Es posible, fiero español, que ayer estabas en mis brazos diciendo que por mí perderías mil vidas, y que hoy te vas con una sola que me has dado? ¡Ay de mí, que tú, por ventura ahora te estás riendo de mis lágrimas, afeando mis libertades e infamando mis atrevimientos, de que fueron causa, no mi liviandad, sino tu gentileza; no mi libertad, sino mi adversa fortuna! ¡Qué cierto será que estés ahora cantando a otra más dichosa que yo, pero tan cerca de ser tan desdichada, las locuras que me has visto hacer y las penas que me has hecho sufrir! Pues no se burle ahora de mí la que te cree y te escucha; que presto me ayudará a quejarme de ti, y, sabiendo quién eres, me disculpará porque te quise, y me tendrá lástima porque te quiero.

Éstas y otras muchas cosas decía Silvia llorando, sin bastar los consuelos de Alfreda a templar su furia, tan fundada en razón como en desdicha.

En estos medios llegó Felisardo a Nápoles, ciudad que vuesa

[11] en el Ariosto: Vireno es un personaje del "Orlando Furioso" de Ariosto, que abandona a su amada Olimpia.

merced habrá oído encarecer por hermosura y riqueza, y donde viven más españoles que en el resto de Italia, desde que el Gran Capitán, don Gonzalo Fernández de Córdoba, echó de ella a los franceses, adquiriendo aquel famoso reino a la corona de Castilla, servicio que, como los demás suyos, no podrá olvidar el tiempo ni acabar el olvido, si bien un escritor moderno, más envidioso que elocuente y docto, presumió que podía su poca autoridad en un libro que escribió, llamado Raguallos del Parnaso, oscurece el nombre que no le pudieron negar hasta las naciones bárbaras. Con la tristeza que en ella vivía Felisardo no merece encarecimiento, porque en las cosas tan conocidas no se han de gastar palabras. Allí se determinó de escribir al virrey de Sicilia la causa original de su ausencia. Recibió aquel magnánimo príncipe la carta, y, leyéndola, quedó admirado; no sé si lo estará vuesa merced, pero en ella decía así:

« Al partirme a Sicilia no dije a Vuesa Excelencia la causa, que no me dio lugar la vergüenza, y ahora sabe Dios la que escribiendo tengo, pues con estar solo me salen tantas colores al rostro como a los ojos lágrimas. Estando en servicio de Vuesa Excelencia, bien descuidado de tan gran desdicha, me escribieron mis padres diciéndome que en el nuevo bando del rey don Felipe III acerca de los moriscos habían sido comprendidos, cosa que a mi noticia jamás había llegado, antes bien me tenía por caballero hijodalgo, y en esta fe y confianza me trataba igualmente con los que lo eran, porque mis padres eran de los antiguos de la conquista de Granada por los Reyes Católicos, y si no me engañan, dicen que Abencerrajes, linaje que trae consigo la desdicha y los merecimientos. Parecióme dejar su casa de Vuesa Excelencia, con harto dolor mío, porque le amo naturalmente, que no es justo que un hombre a quien pueden decir esta nota de infamia siempre que se ofrezca ocasión viva en ella, ni mi tristeza y vergüenza me dieran lugar, aunque yo me esforzara, por no estar con este recelo cada día, y más donde he tenido buena opinión. Vuesa Excelencia me perdone, que ni acierto a escribir ni pienso que hasta llegar ésta a sus manos podrá durar mi vida. »

Notable fue el sentimiento de aquel gran señor con esta carta, y tal, que se le conoció en su tristeza por muchos días, al fin de los cuales le respondió así:

« Felisardo: Vos me habéis servido tan bien, y procedido tan honradamente en todas vuestras acciones, que me siento obligado a quereros y estimaros mucho; en el nacer no merecen ni desmerecen los hombres, que no está en su mano; en las costumbres, sí; que ser buenas o malas corre por su cuenta. Hacedme gusto de volver a Sicilia, que os doy palabra, por vida de mis hijos, de hacer de vos mayor estimación que hasta aquí, y tomar en mi honra cualquiera cosa que sucediere contra la vuestra; y no sé yo por qué habéis de estar corrido, siendo, como sois, caballero, pues no lo está el príncipe de Fez en Milán, sirviendo a Su Majestad con un hábito de Santiago a los pechos, y tan honrado del rey Felipe II y de la señora infanta que gobierna a Flandes, que él le quitaba el sombrero y ella le hacía reverencia; porque la diferencia de las leyes no ofende la nobleza de la sangre, y más en los que ya tienen la verdadera, que es la nuestra, como vos la tenéis, y confirmada por tantos años. Volved, pues, Felisardo, que en ninguna podéis estar más defendido que en mi compañía, donde os haré capitán, y procuraré casaros de mi mano, sin apartaros de mí, lo que tuviere oficios de Su Majestad y vida. »

Recibió Felisardo esta carta, toda escrita de su mano de este generoso príncipe, acción tan digna de su ilustrísima sangre; y llorando infinitas lágrimas con ella, besando mil veces la firma, se dispuso a responderle así:

« Generoso y magnánimo príncipe: Cuando me partí de Vuesa Excelencia fui con desesperado ánimo de hacer alguna demostración de mi valor. Yo estimo y agradezco, como es justo, tanta merced y favor, y la escribo con sangre en mi alma para algún día. Yo voy a Constantinopla, donde ya estarán mis padres, que, como hombres nobles, escogieron la corte de aquel imperio, no queriendo quedarse en las costas de España por no acordarse. Desde allí sabrá Vuesa Excelencia qué intento llevo, que pienso que será para hacer un gran servicio a Dios, al rey y a mi patria. Desde que entré en Palermo serví, quise y merecí a la señora Silvia Menandra, cosa que jamás comuniqué a ninguno. Creo que le queda en el pecho alguna desdichada prenda. Suplico a Vuesa Excelencia que fíe esa carta de quien se la pueda dar sin que aventure su honor, y favorezca lo que naciere, haciendo cuenta que le expone la fortuna a los pies de su grandeza. »

Con esto, se embarcó Felisardo, atrevido y desatinado mancebo, cuya acción yo no puedo alabar, pues en casa de tan generoso príncipe pudiera estar seguro cuando viniera a España, que en Italia no lo había menester, aunque fuese en los reinos de Su Majestad, pues sólo pretendió echarlos de aquella parte con que presumieron levantarse, como se ve en las cartas y persuasiones del ilustrísimo patriarca de Antioquía, arzobispo de Valencia, don Juan de Ribera, de santa y agradable memoria. Dentro de nuestra Europa, a sólo cuatro estadios del Asia, tanto que, habiéndose helado aquel mar, por una puente del hielo y nieve que cayó encima, se pasaba del Asia a Europa, yace Constantinopla, primera silla del romano Imperio, después del griego, y ahora turco, que por la imensidad de tierra que posee la llaman grande; destruyóla el emperador Severo; reedificóla Constantino e ilustróla Teodosio. Tuvo cincuenta millas de muro, que Anastasio fabricó, por defenderla de los bárbaros, hoy dieciocho, que son seis leguas; sus vecinos son setecientos mil, las tres partes turcos, las dos cristianos y el resto indios. Tomóla Mahomet II el año 1453, y desde entonces es corte de sus emperadores, que comúnmente llaman el Gran Señor. Está puesta en triángulo; en un extremo está el palacio real, que mira al Levante, al encuentro de Calcedonia, parte del Asia; el otro ángulo mira al Mediodia y Poniente, donde están las siete torres, que sirven de fortalezas y de cárcel mayor de la ciudad; desde éste se va al tercero por la parte de tierra, dispuesto a Tramontana, y donde está el palacio antiguo de Constantino en sitio eminente, y de quien se descubre toda, si bien inhabitable; desde el cual al que tiene el turco todo es puerto de una legua de mar, que entra por espacio de dos de largo, y de ancho poco más de un tercio, habitado de varia gente, y de todos los vientos defendido. Por la parte de las siete torres baña el mar las murallas, dejando el sitio donde antiguamente fue la ciudad de Bizancio, de cuya grandeza sólo se ven ahora las ruinas. Tiene insignes mezquitas, fábricas del sultán Mahomet, Baysith y Selim, aunque ninguna iguala con la que hizo Solimán, y que se llama de su nombre, deseando aventajarse al gran templo de Santa Sofia, célebre edificio de Constantino el Grande. Conserva en ella el tiempo, a pesar de los bárbaros, algunas columnas de grandeza inmensa, mayormente la de este príncipe, labrada toda de historias de sus hechos. Tiene, asimismo, cuatro fuertes serrallos para las riquezas y mercaderías de propios y extranjeras; una calle mayor famosa, hasta la puerta de Andrinópolis, con la plaza en que se venden los cautivos cristianos, como en España los mercados de las bestias y con mayor miseria. Sus puertas son treinta y una, al Levante, Poniente y Tramontana, con guardas de jenízaros; las casas, bajas, cuyos techos, de madera labrada, cubren ricas labores de oro. No usan tapicerías porque su grandeza y aparato es vestir el suelo que cubren riquísimas alfombras; son las barcas que de ordinario pasan la gente de una parte a otra, y que en su lenguaje llaman caiques y permes, más de doce mil, que es una cosa notable. Su sitio es tan frío, que desde diciembre hasta fin de marzo está cubierta de nieve. Los templos famosos de cristianos, mayormente el de Nuestra Señora y el de San Nicolás, con otros muchos, han intentado quitar los moriscos de la expulsión de España, y permitiendo el gran visir que los derribasen y destruyesen por doce mil escudos que le daban, se fueron a despedir del turco los embajadores de Francia, Alemania y Venecia, diciendo que aquello era no querer paz con sus príncipes, y por esta ocasión no salieron con su intento, o lo más cierto, porque Dios no permitió que tantos cristianos careciesen del fruto de los tesoros de su Iglesia, donde tanto peligro corren sus almas.

Aquí llegó Felisardo, y me parece que vuesa merced estaba ya cansada de esperarle, no se le dando nada del estado que ahora tiene y tuvo esta ciudad insigne, porque a mujer que tan poca estimación ha hecho de los hombres de su ley, ¿qué se le dará del turco? Pues sepa vuesa merced que las descripciones son muy importantes a la inteligencia de las historias, y hasta ahora yo no he dado en cosmógrafo por no cansar a vuesa merced, que desde su casa al Prado le parece largo el mundo, aunque vaya por su gusto en hábito de tomar el acero, con tan buenos de matar lo que topa, que en ninguno la he visto más enemiga de la quietud humana.

Vio Felisardo a sus padres, que, como eran nobles, lloraron su deshonor juntos, y el peligro que corría su salvación en aquella tierra, si bien el ver tantas iglesias y hospitales les consolaba. La común fortuna hace mayores las confianzas del remedio y menores los sentimientos de las adversidades, como dijo no sé si era el filósofo Mirtilo, como solía la buena memoria de fray Antonio de Guevara, escritor célebre, a quien de aquí y de allí jamás faltó un filósofo para prohijarle una sentencia suya; y cierto que algunas veces es menos lo que de ellos dijeron que lo que podría decir ahora cualquier moderno; pero dase autoridad a lo que se escribe diciendo: « Como dijo el gran Tamorlán, o se halla escrito en los *Anales de Moscovia*, que están en la librería de la Universidad de El Cairo. » Porque si ello es bueno, ¿qué importa que lo haya dicho en griego o en castellano? Y si malo y frío, ¿cómo podrá vencer la autoridad al entendimiento?

Hallé una vez en un librito gracioso, que llaman *Floresta española*, una sentencia que había dicho un cierto conde: « Que Vizcaya era pobre de pan y rica de manzanas », y tenía puesto a la margen algún hombre de buen gusto, cuyo había sido el libro: « Sí diría », que me pareció notable donaire; pues, como digo, y volviendo al cuento, estuvieron algunos días Felisardo y sus padres dando trazas en su remedio, si para tal fortuna podía haber alguno. Y aquí confieso a vuesa merced, señora, que no sé, porque no me lo dijeron, cómo o por dónde vino a ser Felisardo no menos que bajá del turco, que parece de los disfraces de las comedias, donde a vuelta de cabeza es un príncipe lagarto, y una dama hombre y muy hombre, y a la fe que dice el vulgo que no le hablen en otra lengua.

Turco, pues, era Felisardo; no lo apruebo; sus hopalandas traía y su turbante, y como era moreno, alto y bien puesto de bigotes, veníale el hábito como nacido; la disposición, el brío, el aire, la valentía y la presunción dieron motivo al turco para tenerle muchas veces cerca de su persona; y así, trataba con él de las cosas de España familiarmente. Llamábase el turco sultán Amath, hombre en esta sazón de treinta y tres años. Tenía preso un hermano suyo, llamado Mustafá, de edad de treinta, a quien deseando matar, fiera costumbre de aquellos bárbaros, envió una mañana al Vostan Gibassi con otros ministros, y hallando la cárcel cerrada y al dicho Mustafá paseándose fuera de ella, lo dijeron al turco, que, teniéndolo por milagro, le dejó preso; aconsejado después del Muftí, que es el principal de los que enseñan su ley, quiso matarle, y aquella noche soñó que veía un hombre armado, que con una lanza le amenazaba, y con este temor le dejó con vida; si bien después le provocaron tanto, que desde una ventana que caía a un jardín de Mustafá le quiso tirar una flecha con veneno, y habiéndole apuntado, fue tal el temblor que le dio, que se le cayó el arco de las manos. Tanta ha sido, finalmente, la humildad de este turco, que ni vestido, ni oro, ni regalo ha querido tomar de su hermano; él vive, y se entiende que le ha de heredar, aunque sultán Amath tiene muchos hijos, de los cuales dos varones y dos hembras se ven y comunican; los demás están recogidos y ocultos en su palacio. Tenía tanto gusto de ver imágenes y retratos de cristianos, que enviaba por ellos a los embajadores y mercaderes, y en habiéndolos visto se los volvía. Estando, pues, en una fiesta mirando algunos que en una nave que tomaron estaban en la tienda de un rico hebreo, hizo llamar a Felisardo, que ya se llamaba Silvio bajá, nombre de aquella dama de Sicilia, por quien vivía en la mayor tristeza que tuvo amante ausente, pues ni la desconfianza que tenía de verla, ni la mudanza del cielo y costumbres, era parte para que la olvidase, ni creo que lo fuera el río Sileno, donde se bañaban los antiguos, cuya propiedad era olvidar toda amorosa pasión, aunque fuese de muchos años. Venido Felisardo a su presencia, le preguntó si conocía aquellos retratos, y él le respondió que sí, y se los fue mostrando por sus nombres, diciendo lo que también sabía de la grandeza de sus personas, apellidos y casas. Holgóse mucho Amath de conocer al emperador Carlos V, al rey Felipe II y Felipe III, al famoso duque de Alba, conde de Fuentes y otros señores. ¿Quién dijera que el turco se había de holgar de esto? Entre las mujeres que entonces tenía sultán Amath era la más querida una cierta señora andaluza que fue cautiva en uno de los puertos de España; ésta holgaba notablemente de oír representar a los cautivos cristianos algunas comedias, y ellos, deseosos de su favor y amparo, las estudiaban, comprándolas en Venecia a algunos mercaderes judíos para llevárselas, de que yo vi carta de su embajador entonces para el conde de Lemos, encareciendo lo que de este género de escritura se extiende por el mundo después que con más cuidado se divide en tomos.

Quiso nuestro Felisardo, mal dije, pues ya no lo era, agradar a la Gran Sultana doña María, y estudió con otros mancebos, así cautivos como de la expulsión de los moros, la comedia de *La fuerza lastimosa*[12]. Vistióse para hacer aquel conde gallardamente, porque había en Constantinopla muchos de los que hacían bien esto en España, y las telas y pasamanos mejores de Italia. Como era tan bien proporcionado, y estaba tan hecho a aquel traje desde que había nacido, no le hubo visto la reina, cuando puso los ojos en él, y ellos fueron tan libres, que se llevaron de camino el alma.

Representó Felisardo únicamente, y viéndose en su verdadero traje, lloraba lágrimas verdaderas, enternecido de justas memorias y arrepentido de injustas ofensas.

Acabada la fiesta, comenzó la sultana este cuidado, y en todas las ocasiones que podía, daba a entender a Felisardo que le deseaba, de suerte que a pocos lances fue entendida: porque no hay papeles más declarados y efectivos que unos ojos que asisten a mirar amorosamente. Y así, un día, alabándole la buena disposición, y lastimándose de que por su voluntad hubiese dejado la verdadera ley, él le dijo que su ánimo no era vivir en la de aquel infame y falso profeta; que aunque era verdad que desesperación le había traído adonde estaban sus padres, él venía con ánimo de hacer alguna cosa señalada en servicio del rey de España; porque tenía el ánimo tan bizarro, que no volvería a ella sin ser estimado y favorecido por alguna insigne hazaña.

—Si yo puedo—respondió la sultana—favorecerte, aquí tienes la mujer más rendida y más poderosa para ayudarte, porque a mí no me tiene sultán Amath como a las demás que le permite su ley y su grandeza.

Besóle entonces la mano Felisardo, e hincado de rodillas, lloró mirándola. Ella, conociendo la fiereza de Marte y la blandura de Adonis en aquel mancebo, levantóle de la tierra, le juró por la ley que tenía en el corazón impresa de no desampararle en cuantas acciones intentase, aunque perdiese la vida. La ocasión que tomaron para verse fue decir al turco lo que gustaba de oír cantar a Felisardo;

[12]La fuerza lastimosa: *era una comedia del proprio Lope de Vega.*

y así, entraba y salía con libertad a entretenerla, y tal vez estando
presente el mismo sultán Amath, donde cantó así:

Dulce silencio de amor,
si tanta gloria callando
consigue quien sirve amando,
no la pretendo mayor.
Poner en duda el favor
suspende mi atrevimiento,
y dice mi pensamiento
que más la causa le culpa,
que no puede haber disculpa
donde no hay merecimiento.

Amar sin osar decir
tanto amor es cobardía,
mas perder el bien sería
determinarse a morir;
pero yo quiero sufrir
la pena a que me condena
fuerza de respetos llena,
y no temer su mudanza,
pues no pierdo la esperanza
mientras no pierda la pena.
Del silencio que he tenido
ya vive mi amor quejoso,
pues no llega a ser dichoso
quien no pasa de atrevido.
Quisiera ser entendido
cuando a entender no me doy;
mas no decir lo que soy
por llegar a merecer,
sin ser querido, querer,
mientras que callando estoy.

Mi pensamiento contento
consigo mismo se halla,
que por lo que piensa y calla
le llamaron pensamiento.
Algunas veces intento
decir mi mal y su mengua,
por ver si el dolor se amengua;
pero son locos antojos,

que quien habla con los ojos
no ha menester otra lengua.

Dadme penas inmortales,
que, siendo vos en el suelo
tan viva imagen del cielo,
serán penas celestiales.
Si llama gloria los males
quien a su bien los prefiere,
señora, bien es que espere
que os obligue a que le deis
un bien de los que tenéis
quien tanto sus males quiere.

Sin mí conoced mi mal,
¡oh causa hermosa!, por quien
le tiene el alma por bien,
que vos sois bien celestial;
y si con ser tan mortal,
que le entendéis no merezco,
como en los ojos le ofrezco,
no quiero, aunque me consuma,
que otra lengua ni otra pluma
os diga lo que padezco.

Parecióle a Sultana que Felisardo había compuesto estos versos
a su sentimiento y propósito, y engañábase Sultana, porque los
había escrito por Silvia al principio de sus amores en Palermo; pero
no se engañaba en la intención, pues Felisardo buscó estas décimas,
porque lo creyese así, entre los muchos versos que sabía, como
suele suceder a los músicos que traen capilla por las festividades de
los santos, que con sólo mudar el nombre sirve un villancico para
todo el calendario; y así es cosa notable ver en la fiesta de un mártir
decir que bailan los pastores, trayéndolos de los cabellos desde la
noche de Navidad al mes de julio.

Notablemente crecía el amor en Sultana, conquistando la
voluntad ausente de este mozo, que ya con libertad de hombre se
determinaba y ya con las obligaciones de hombre de bien se
defendía. Pidióle que suplicase al turco le diese algunas galeras y
gente, de que le nombrase capitán, lo que alcanzó fácilmente. Y así,
comenzó a salir de Constantinopla con seis galeras bien armadas,
sin consentir en ellas morisco alguno, que no gustaba de su trato ni
les osaba fiar su pensamiento. Hizo algunos de alguna consideración,

y con poca guerra trajo a Constantinopla algunos cautivos, pero ninguno de España, que presentaba a Sultana, de quien recibía en satisfacción joyas de notable precio, porque ella gustaba de que las trajese en el turbante, que coronaba de diversas plumas.

Corrió una vez la costa de Sicilia atrevidamente; y fuelo tanto, que se puso a la vista de Palermo. Silvia tenía de Felisardo un hijo de tres años, que criaba con libertad, por ser muertos sus padres, aunque no con tanta que se persuadiesen los bienintencionados que era su hijo; que los que no lo son, en las doncellas más recatadas presumen mayores yerros. Sucedió, pues, que, como en tanto tiempo no había tenido nueva de Felisardo, la desconfianza la tenía con algún consuelo, y pienso que por la sinrazón le hubiera olvidado, a no le tener en su hijo todos los días presente con la mayor semejanza que ha visto el refrán castellano en materia de esta duda, de que pido perdón a su imaginación de vuesa merced; que bien le merezco, pues rio dije adagio. Con esto, solicitada de algunas amigas, que no era mucho en tres años de injusta ausencia, sin saber si era muerto Felisardo, salió en una tartana con un mercader calabrés a pasear la mar, que con la bonanza la convidaba y con la piedad de su adversa fortuna la movía, que tal vez se cansa de hacer disgusto o porque algún breve bien sea para sentir el mal con mayor fuerza. Y en esta parte no puedo dejarme de reír de la definición que da Aristóteles de la fortuna; no le faltaba más a este buen hombre sino que en las novelas hubiese quien se riese de él. Dice, pues, que la buena fortuna es cuando sucede alguna cosa buena, y la mala, cuando la mala. Mire vuesa merced si tengo razón, pues en verdad que lo dijo en el segundo de la *Física*, que yo no se lo levanto. Harto mejor lo sintió Plutarco Queroneo diciendo por afrenta que era palabra de mujer decir que ninguno podia evitar sus hados; sentencia católica, como si él lo fuera; porque los albedríos son libres para justificar el cielo sus juicios. No suele descender milano, las pardas alas extendidas, el pico prevenido y las manos abiertas, con más velocidad y furia a los miserables pollos que se alejaron del calor de las plumas de su madre, como la capitana de Felisardo a la tartana de Silvia. Tomóla en breve, con notable llanto suyo y de sus amigas; pasáronlas a ella abordando un barco, y quitando una parte de la banda de los filaretes, lleváronlas a la popa, donde Felisardo estaba recostado sobre una alfombra turca de rizos de oro entre labores de seda, puesto el brazo en dos almohadas de brocado persiano, color de nácar. Hincóse de rodillas Silvia, y con lágrimas en los ojos le dijo en lengua siciliana que tuviese piedad de la mujer más desdichada del mundo, poniéndole para moverle el pequeño infante en los brazos a los turbados ojos, a quien ya los oídos habían avisado de que aquella voz parecía la de Silvia.

Aquí, señora Marcia, ni aun las hipérboles de los versos serían bastantes, cuanto más la llaneza de la prosa, que ni es historial ni poética, aunque la escribiera el autor de las *Relaciones de los toros*, quejoso de su fortuna adversa; y tiene muy justa causa, pues le están en tanta obligación los de Zamora, de quien no se acordará este lugar después que se dejaron de cantar los romances del rey Don Sancho, la traición de Bellido Dolfos y las tristezas de Doña Urraca, que casi llegaron a competir con los de don Alvaro de Luna, que duraran hasta hoy si no se hubiese muerto un cierto poeta de asonantes, que arrendó esta obligación por veinte años a los regidores de la fortuna; y ya que nos hemos acordado de Bellido Dolfos, suplico a vuesa merced me diga si conoce algún pariente suyo; que me ha dado cuidado ver que, en siendo un hombre ruin, no le queda ningún pariente en este mundo, y en habiendo procedido virtuosamente o hecho alguna cosa digna de memoria, todos dicen que descienden de él; y yo conocí un hombre que decía por instantes: « Adán, mi señor », y podía muy bien, porque esto es lo más cierto, aunque un hombre haya nacido en la Cochinchina, tierra donde dicen que se halló Pedro Ordóñez de Cevallos, natural de Jaén, y convirtió una infanta, bautizando más de doscientas mil personas, e hizo muy bien, y Dios se lo pagará si fuese verdad, y si no, no.

Todos estos intercolumnios han sido, señora Marcia, por aliviar a vuesa merced la tristeza que le habrán dado las lágrimas de Silvia, y excusarme yo de referir el contento y alegría de los dos amantes, habiéndose conocido. Prometo a vuesa merced que me refirió uno de los que se hallaron presentes que en su vida había visto más amorosas razones ni más tiernas lágrimas. Satisfizo Felisardo de aquella novedad a Silvia, asegurándole que no había dejado la verdadera fe, y que presto vendría a Sicilia, donde hiciese al rey de España un gran servicio, sin el que recibiría la Iglesia con reducirle infinitas almas. Enloquecióle su hijo, y después de haber estado aquella noche tratando de estas cosas, la hizo volver a Mesina antes del alba, cargada de ricas telas y preciosos diamantes, fuera de diez mil cequíes de oro, que llevó en dos cajas.

Iba Silvia instruida para hablar al virrey y darle cuenta de estos sucesos, cuando él prevenía el salir a pelear con las galeras turcas. Pensó infinitas veces este gallardo príncipe si sería bien verse con Felisardo, y al fin se vino a concertar que él saliese con dos soldados cerca de la playa, y el virrey en otra con los que fuese servido. Hízose así, y acostándose el uno al otro, saltó Felisardo en la barca del virrey, y, echándose a sus pies, le hizo fuerza para besárselos. Admirados estaban los cristianos de ver la gentileza y lengua del turco, porque no llevó el virrey consigo hombre que le conociese.

Hablaron de varias cosas, y al tiempo de despedirse le dio Felisardo una rosa de diamantes que le había dado la Sultana, de precio de veinte mil escudos, que esto se decía en Constantinopla, porque no se había llegado a vender por ejecución de ningun señor ni por otra necesidad.

Hízose a la vela Silvio bajá, si le hemos de llamar así, dejando en admiración la ciudad, que casi toda asistía en la playa al virrey de su determinado propósito, y a Silvia de haber visto lo que no esperaba, y en tan diverso hábito y costumbres de lo que le había conocido.

La causa de no quedarse entonces este infeliz mancebo en Sicilia con su esposa y su hijo, donde se le quedaba el alma, presentando aquella escuadra de galeras con sus turcos al virrey, fue el agradecimiento que debía a Sultana por tantas buenas obras, y el deseo y ánimo que tenía de reducirla a la fe, pues ella lo deseaba, y restituirla a sus padres, que tantas lágrimas habían derramado por ella; fuera de tener él tan segura mayor presa, siempre que tuviese gusto de volver a España.

Entró Felisardo por el canal de Constantinopla casi a la entrada del invierno, llevando algunos cautivos de las islas y de otras costas, sin tocar en vasallo de Su Majestad ni tomar tierra en parte que no fuese suya. Hizo gran salva a las torres y palacio real del turco; saltó en tierra, y besándole el pie, alegró la ciudad, entristeció la envidia y esforzó la esperanza de Sultana, que con lo que de sus deseos había conocido, y no esperaba verle, tenía por sin duda que faltando a la palabra dada y a tantas obligaciones, se había quedado en España.

Había llegado pocos días antes a Constantinopla Nasuf bajá, primer visir del turco, victorioso a su parecer de la guerra de Persia, cuya ostentación y aplauso fue tan grande que, después de un copioso ejército de gente, traía doscientas sesenta y cuatro acémilas cargadas de cequíes de oro. Y advierta vuesa merced que, por ser tan grande ejemplo de la fortuna de los príncipes, quiero decirle el suceso de este hombre, que también fue causa del que tuvieron los pensamientos de Felisardo. Era este Nasuf bajá yerno del turco, y el más estimado y temido de todo aquel grande imperio. Mamut bajá, hijo de Cigala, aquel famoso corsario que ninguno, después de Ariadeno Barbarroja, tuvo más nombre, competía con la grandeza de Nasuf y era cuñado del turco, casado con su mayor hermana. Sentía Mamut envidiosamente la ostentación de su enemigo, y en aquella jornada particularmente, donde me ha quedado escrúpulo si a vuestra merced le han parecido muchas las acémilas y los soldados pocos, y a este propósito quiero que sepa que un gentilhombre de este lugar, más dichoso en hacienda que en ingenio, visitaba una dama de las que estiman más el ingenio que la hacienda, que deben de ser pocas. Contábale un día la renta que tenía, y, entre otras necedades, acabó con decir que encerraba trescientas

23

fanegas de trigo y ciento de cebada, con treinta carros de paja, y añadió
que le dijese lo que le parecía de su hacienda, a quien ella respondió:
«Paréceme, señor, que el trigo es mucho, y poca la cebada y paja
para lo que vuesa merced merece. »

Pero, dejando aparte esta cantidad de acémilas, que a quien sabe
la soberbia de aquella gente no le parecerán muchas, digo que Nasuf
bajá volvió a Constantinopla, diciendo que dejaba firmadas paces
con el persiano, en fe de lo cual trajo consigo su embajador con ricos
presentes de telas, cequíes, piedras y otras cosas de valor y curiosidad
increíbles; mas, como viese el Cigala que el de Persia molestaba
algunas tierras del turco, vino en sospecha de que Nasuf tenía algún
trato doble con él, en grave ofensa de su señor, así por esto, como
porque escribiendo a entrambos desde los confines de Persia, donde
estaba por gobernador, ninguno le respondía. Con esto, se partió a
Constantinopla, y hallando en el camino un correo que Nasuf
enviaba al persiano, le convidó a cenar aquella noche, y habiéndole
dado muy bien a beber, cosa que saben hacer, donde no lo vea
Mahoma, con muy buen aire, durmióse el correo; quitóle Mamut
Cigala las cartas, en que halló lo que deseaba; y la traición
descubierta, hizo matar al correo y enterróle en su misma tienda, y,
llegado a Constatinopla, pidió licencia a Nasuf para entrar; negósela
Nasuf si no le daba trescientos mil cequíes.

El Cigala, que estaba casado con la hermana del turco, y no
había llevado a ejecución su deseo por su larga ausencia, dio orden
que ella supiese el inconveniente por que no entraba; resolvióse
Fátima, si a vuesa merced le parece que se llame así, porque yo no
sé su nombre, ir a ver a su marido, de quien supo la causa por que
no entraba, y ella, volviendo a Constantinopla, la refirió a su
hermano, el cual envió de noche con gran secreto por Mamut
Cigala, y llegando en un caique, si vuesa merced se acuerda que le
dije que era pequeña barca, pero no excuso una palabra turca, como
algunos que saben poco griego, entró por una puerta falsa del
palacio, y, recibido bien de su cuñado, le refirió cuanto sabía, y le
mostró las cartas.

Deseó desde entonces sultán Amath quitar la vida a su yerno
justamente; y como se encubra tan mal un grande enojo, adivinando
Nasuf la causa por el semblante, faltó tres días del Consejo, dando
por disculpa de esta falta la de su salud. Con esta ocasión el turco
le dijo que quería ir a ver a su hija, y se previno la calle de lienzos
por todas partes sobre altas lanzas, para que no fuese visto, que sólo
tiene obligación a dejarse ver un día en la semana, y ése es el viernes,
que entre ellos es fiesta, y va a su gran mezquita a hacer el azalá.

Con este engaño de telas pasó un coche en que iba el Vostan

24

Gibassi con muchos ayamolanos, hombres fortísimos, y creyendo que fuese el turco, a quien esperaban más de cuatro mil personas, entró en casa de Nasuf el referido, y como iba entrando, iban asimismo cerrando las puertas los soldados con cuidado y silencio. Estaba Nasuf con dos eunucos en un aposento, bien descuidado de su fortuna; hízolos salir fuera el presidente, y, haciendo una gran reverencia a Nasuf, le dio un decreto del turco, en que le pedía su real sello. Turbado Nasuf, se le dio, y dijo:

—¿Tiene el gran señor hombre que con más lealtad pueda servirle en este oficio?

Entonces, el Vostan Gibassi le dio otro papel, en que le pedía la cabeza.

Dio voces Nasuf, diciendo:

—¿Qué traición es ésta, qué envidia? ¿Quién ha engañado a mi gran señor, a quien yo con tanta lealtad como obligación he servido?

Pero viendo que no había remedio para huir, razón para replicar, ni armas para defender la vida, se resolvió a la muerte, pidiendo al Vostan que le dejase hablar y despedir de su mujer, que estaba en otro cuarto; y no pudiendo conseguirlo, le suplicó de rodillas le dejase siquiera hacer el azalá, para que su alma fuese tan llena de necedades como había vivido. Esto le concedieron, pareciéndoles que tocaba a la religión, siendo tan gran desatino; pero, de afligido y turbado, no fue posible, y esforzando la naturaleza al mayor contrario, que no sé cómo se entienda aquí aquel consuelo de Séneca en la primera epístola: « Que nos engañamos en la consideración de la muerte por mayor, pues todo lo que pasó de la edad ya lo tiene la muerte »; se sentó en una silla y dispuso la voluntad a la fuerza, y el ánimo del valor al miedo de la pena. Pero si dijo el mismo filósofo que el morir de buena gana era la mejor muerte, ¿cómo puede quien moría con tan poca tenerla por buena, ni consolarse con que ya estaba muerto lo que había vivido?

Mirándole estaban el Vostan y los soldados, llenos de admiración y miedo, a quien volviendo Nasuf severamente el rostro, dijo:

—Canalla, ¿qué estáis mirando? Haced vuestro oficio.

Entonces se le atrevieron cuatro de ellos, y, echándole una soga a la garganta, le ahogaron.

Cerró luego el Vostan las puertas, y dando cuenta al turco, le pidió la cabeza, que, habiéndosela traído, la mandó echar en el suelo, y dándola con el pie, le llamó Brecain, que quiere decir traidor.

Tomó el turco su hacienda, reservando solamente la que estaba en el cuarto de su mujer. Fue la mayor riqueza que en hombre particular se ha visto, pues entre las armas solas se hallaron mil doscientas espadas con guarniciones de plata y oro, que si a vuesa merced le parecieren como las acémilas, podrá quitar las que fuere servida, porque no tengo cuenta a propósito, ni me atrevo a decir que tenía a su devoción en Constantinopla treinta mil hombres, sustentando en varias partes siete mil y quinientos caballos, con que, si le ayudara más el secreto que le favoreció la fortuna, fuera el señor del Asia.

Quedó Fátima viuda y rica, y aunque la pretendían muchos, y entre ellos un gran bajá de los del turbante verde, la pareció al turco levantar los pensamientos de Felisardo con hacerle yerno suyo, y darle mujer con tal ejemplo en dote.

Comunicó este pensamiento con Sultana, que, atónita de ver el camino que tomaba su desdicha, para descaminar su deseo solicitó impedirle con decir mal al turco de Felisardo, y que le parecía hombre de ánimo soberbio, y no mal aficionado a la patria en que había nacido, y que muchas veces le reprendía la afición que mostraba a los reyes y señores de España, donde era justo presumir que alguna vez se quedaría; y que pues su yerno Nasuf bajá era tan deudo suyo y natural de su patria, criado en su ley y enseñado en sus costumbres, y le había salido traidor, no era razón pensar que le había de ser leal un hombre extranjero y advenedizo, criado en otra ley, en otra patria y en otras costumbres.

Satisfizo esta última razón el entendimiento de Amath, y puso dilación en el casamiento, tibieza en la voluntad y sospecha en el suceso. Entre tanto, Sultana prevenía la partida a España con gran cuidado, y tuvo tanto, que habiendo la primavera siguiente alcanzado del turco saliese Felisardo a aquietar el mar del Archipiélago, donde era fama que andaban seis galeras de la religión de Malta, dispuso la partida y recogió sus joyas.

Tiene el palacio del turco dos leguas de cerca, y por la parte del mar que mira a Calcedonia mucha artillería; la puerta principal, al Poniente, enfrente de la iglesia de Santa Sofía; a mano derecha de la puerta, un hospital que llaman Timarina, para todos los enfermos del palacio, y a la izquierda, la iglesia antigua de cristianos, título de San Jorge, donde están las armas del rey; síguese la segunda puerta, donde se apean los que van a consejo, y a ésta, una famosa calle de un tercio de legua o poco menos; por la parte de Tramontana hay una puerta por donde entra y sale la gran Sultana y todas las mujeres del serrallo. Aquí doble vuesa merced la hoja. Junto a la segunda puerta hay un jardín y huerta, con mil hermosos árboles y venados, y a su lado, una gran plaza cubierta, donde suele estar la guarda de los jenízaros, y comer los días de Consejo, porque los otros quedan de guarda. Hay, asimismo, doce capigis, que son porteros en cada puerta de las referidas; y por la parte de Mediodía, las cocinas para el gran señor y la familia de palacio, y para toda la corte el día que es de Consejo; y es tan inmenso el número que come, que el de cocineros es de cuatrocientos cincuenta hombres; cosa que la cuentan y la escriben, y que podrá vuesa merced no creer sin ser descortés a la novela ni a la grandeza del turco.

Después de todo, se llega a la gran puerta de la casa real, guardada de eunucos blancos, donde no puede entrar persona alguna sin orden del turco, no siendo la familia, aunque sea el gran visir.

Por la puerta que dejé advertida, salió, señora Marcia, la gran Sultana con dos renegados de quien se había fiado, y, en hábito de soldado jenízaro que de otra suerte fuera imposible, caminó a la mar con gran peligro, donde fue recibida con igual silencio del animoso Felisardo, que con valor intrépido mandó alargar la escuadra, y que a la vuelta de Sicilia pusiesen las proas, donde decía que pensaba hacer una famosa hazaña.

Tan desdichado fue este miserable mancebo, aunque digno de mejor fortuna, que apenas comenzaron las galeras a alejarse, y zarpando la capitana, azotar el agua y el aire con los remos y velas, cuando, cubriéndose el cielo de improviso de una oscurísima nube, comenzó a bramar con horribles truenos por los cuatro ángulos del mundo, acompañada de temerosos relámpagos, que en cada uno parecía que venían infinitos rayos. Entumecióse el mar, revolviéronse las olas, trabando entre sí mismas tan espantosa batalla, que daban con la espuma en las estrellas, que, con el temor de apagarse en la aguas, se escondían. Ya no aprovechaba amainar las velas ni en tanta confusión hallaba remedio el ánimo, ni el ejercicio resistencia. Porfiaba Felisardo a que prosiguiesen el viaje, hasta sacar la espada; pero no pudo ser obedecido, por voluntad del cielo, que al declararse el alba dio con su capitana y las demás galeras casi al puerto; él quiso pasar en su abrigo el día, ocultando a doña María en la cámara de popa; pero, como ya fuese conocida su falta de algunas griegas y turcas que la servían, habían dado voces, que, asombrados los jenízaros, dieron parte a su capitán, y él a Mamut bajá, de quien lo supo el turco, que con notable sentimiento pensó luego que de envidia la habrían muerto otras mujeres o amigas suyas; mas discurriendo entre varios pensamientos en unas y en otras cosas, que, como Séneca dijo, « sucede fácilmente la inconstancia a los que tienen el ánimo dudoso », dio en pensar que se había partido la misma noche Felisardo, de quien la Sultana decía tanto mal, arguyendo de eso mismo que le quería bien; porque es muy ordinario en las mujeres, o por disimular lo que quieren, o por engañar a otros; y con esta imaginación hizo que Vostan bajá fuese con cien ayamolanos y con algunos jenízaros a las galeras, sabiendo

27

que la tempestad las había vuelto al puerto tan perdidas, que era imposible, sin rehacerse, volver al agua.

No los hubo visto Felisardo, cuando, conociendo el peligro, se resolvió a morir como caballero, y no con varios tormentos a las manos de un verdugo infame.

Bien quisiera el bajá llevarle vivo, pero, no dejándose prender, y resistiéndose en la cureña de la capitana, sembró la crujía de cuerpos muertos con sola una espada ancha que traía y una rodela embrazada.

Viendo Vostan que sería imposible llevarle como él deseaba, mandó a los jenízaros que le tirasen, y en un instante cayó muerto de cuatro manos, aunque de ningún deseo, porque fue sumamente amado de aquellos bárbaros.

Dicen que dijo poco antes que cayese:

« Turcos, sed testigos que muero cristiano, y no he ofendido al gran señor más que en llevar a doña María donde lo fuese. »

Con esto el bajá le cortó la cabeza para llevarla al turco, y halló a Sultana que, cubierta de lágrimas, había mirado el valor y la desdicha de aquel mancebo trágico.

Fue grande la alegría del Vostan, y consolándola, con la mayor decencia que pudo la llevó a palacio. No quiso el turco verla en cuatro días; pero, vencido del amor grande que la tenía, se determinó a perdonarla; que las iras que intervienen amando, como lo siente el Anfitrión de Plauto, vuelven los que se aman a mayor amistad y gracia.

Bien supo Sultana disculparse con sólo el deseo de su patria y padres, pues siendo imposible la licencia, no podía de otra suerte intentar verlos, y el celoso turco también creerla, porque deseaba abreviar sus enojos; cosa que en los coléricos no da lugar a que las mujeres lo sean.

Y en este lugar me acuerdo de haber leído en una comedia portuguesa tratar un viejo con un amigo suyo de que quería casar su hijo, y diciéndole el otro: « No lo hagáis, que está enamorado de una cortesana », respondió el viejo: « Ya lo sé, y si intento casarle, es porque han reñido y averiguado unos celos, y es buena la ocasión de este enojo para apartarle de ella. » A quien replicó el amigo: « ¡Qué poco sabéis de lo que puede una voluntad antigua fundada en trato! Ésta es la hora que anda vuestro hijo buscando disculpas a esa mujer para el mismo agravio que le ha hecho. »

Éste fue el fin de Felisardo, ésta la desdicha por la honra; así quedaron sus pensamientos turbados, y Silvia criando aquella desdichada prenda suya, que si creciere, como en las comedias, tendrá vuesa merced la segunda parte.

Entre tanto, lea este epitafio o elogio a su desdicha:

Aquí yace un desdichado
que, de sí mismo nacido,
vivió por desconocido
murió por desconfiado;
del propio honor engañado,

aunque no sin culpa alguna,
dejó el sol, buscó la luna;
donde se ve que el valor
quiere a fuerza del honor
resistir a la fortuna.

LA MÁS PRUDENTE VENGANZA

NOVELA SEGUNDA
A LA SEÑORA MARCIA LEONARDA

Prometo a vuesa merced, que me obliga a escribir en materia que no sé cómo pueda acertar a servirla, que, como cada escritor tiene su genio particular, a que se aplica, el mío no debe de ser éste, aunque a muchos se lo parezca. Es genio, por si vuesa merced, no lo sabe, que no está obligada a saberlo, aquella inclinación que nos guía más a unas cosas que a otras; y así, defraudar el genio es negar a la naturaleza lo que apetece, como lo sintió el poeta satírico. Púsole la antigüedad en la frente, porque en ella se conoce si hacemos alguna cosa con voluntad o sin ella. Esto es sin meternos en la opinión de Platón con Sócrates, y de Plutarco con Bruto, y de Virgilio, que creyó que todos los lugares tenían su genio, cuando dijo:

Así después habló, y en verde ramo
ceñido por las sienes a los genios
de los lugares, y a la diosa Telus,
primera entre los dioses, a las ninfas
e ignotos ríos ruega humildemente.

Advirtiendo primero que no sirvo sin gusto a vuesa merced en esto, sino que es diferente estudio de mi natural inclinación, y más en esta novela, que tengo de ser por fuerza trágico; cosa más adversa a quien tiene, como yo, tan cerca a Júpiter[13]; pero pues en lo que se hace por el gusto propio se merece menos que en forzarle, oblíguese más vuesa merced al agradecimiento, y oíga la poca dicha en una mujer casada en tiempo menos riguroso, pues Dios la puso en estado que no tiene qué temer, cuando tuviera condición para tales peligros.

En la opulenta Sevilla, ciudad que no conociera ventaja a la gran Tebas, pues si ésta mereció este nombre porque tuvo cien puertas, por una sola de sus muros ha entrado y entra el mayor tesoro que consta por memoria de los hombres haber tenido el mundo. Lisardo, caballero mozo, bien nacido, bien proporcionado, bien entendido y bienquisto, y con todos estos bienes y los que le había dejado un

[13] Júpiter: *Lope de Vega nació un 2 de diciembre y estaba por tanto sometido, según las creencias astrológicas, al influjo de Júpiter o Jove, planeta que se decía dotaba de alegría y jovialidad.*

padre que trabajó sin descanso, como si después de muerto hubiera de llevar a la otra vida lo que adquirió en ésta, servía y afectuosamente amaba a Laura, mujer ilustre por su nacimiento, por su dote y por muchos que le dio la Naturaleza, que con estudio particular parece que la hizo. Salía Laura las fiestas a misa en compañía de su madre; apeábase de un coche con tan gentil disposición y brío, que no sólo a Lisardo, que la esperaba a la puerta de la iglesia como pobre para pedirle con los ojos alguna piedad de la mucha riqueza de los suyos, pero a cuantos la miraban acaso o con cuidado robaba el alma. Dos años pasó Lisardo en esta cobardía amorosa, sin osar a más licencia que hacer los ojos lenguas, y el mirar tierno, intérprete de su corazón y papel de su deseo. Al fin de los cuales un dichoso día vio salir de su casa algún apercibimiento de comida, con alboroto y regocijo de unos esclavos, y preguntando a uno de ellos, con quien tenía más conocimiento la causa, le dijo que iban a una huerta Laura y sus padres, donde habían de estar hasta la noche. Tiénelas hermosísimas Sevilla en las riberas del Guadalquivir, río de oro, no en las arenas, que los antiguos daban a Hermo, Pactolo y Tajo que pintaba Claudiano:

> No le hartarán con la española arena,
> preciosa tempestad del claro Tajo,
> no las doradas aguas del Pactolo
> rubio, ni aunque agotase todo el Hermo,
> con tanta sed ardía,
> sino en que por él entran tan ricas flotas
> llenas de plata y oro del Nuevo Mundo.

Informado Lisardo del sitio, fletó un barco, y con dos criados se anticipó a su viaje, y ocupó lo más escondido de la huerta. Llegó con sus padres Laura, y pensando que de solos los árboles era vista, en sólo el faldellín, cubierto de oro, y la pretinilla, comenzó a correr por ellos, a la manera que suelen las doncellas el día que el recogimiento de su casa les permite la licencia del campo.

Caerá vuesa merced fácilmente en este traje, que, si no me engaño, la vi en él un día tan descuidada como Laura, pero no menos hermosa. Ya con esto voy seguro que no le desagrade a vuesa merced la novela, porque, como a los letrados llaman ingenios, a los valientes Césares, a los liberales Alejandros y a los señores heroicos, no hay lisonja para las mujeres con llamarlas hermosas; bien es verdad que en las que lo son es menos; pero si no se les dijese, y muchas veces, pensarían que no lo son, y deberían más al espejo que a nuestra cortesía.

31

Lisardo, pues, contemplaba en Laura, y ella se alargó tanto, corriendo por varias sendas, que cerca de donde él estaba la paró un arroyo, que, como dicen los romances, murmuraba o se reía, mayormente aquel principio:

Riéndose va un arroyo;
sus guijas parecen dientes,
porque vio los pies descalzos
a la Primavera alegre.

Y no he dicho esto a vuesa merced sin causa, porque él debió de reírse de ver los de Laura, hermosa primavera entonces, que convidada del cristal del agua y del bullicio de la arena, que hacía algunas pequeñas islas, pensando detenerla, competían entrambos; se descalzó y los bañó un rato, pareciendo en el arroyo ramo de azucenas en vidrio.

Fuese Laura, que verdaderamente parece palabra significativa, como cuando decimos: «Aquí fue Troya.» Sus padres la recibieron con cuidado, que ya les parecía larga su ausencia; así era grande el amor que la tenían, y le sintió el trágico:

¡Con cuán estrecho lazo
de sangre asido tienes,
Naturaleza poderosa, a un padre!

Hiciéronla mil regalos, aunque riña Cremes a Menedemo, que no quería, en Terencio, que se mostrase amor a los hijos. Avisó en estos medios un criado de Lisardo a Fenisa, que lo era de Laura, de que estaba allí su dueño. Estos dos se habían mirado con más libertad, como su honor era menos, y la advirtió de que habían venido sin prevención alguna de sustento, porque Lisardo sólo le tenía en los ojos de Laura: que los criados disimulan menos las necesidades de la naturaleza, que sufren con tanta prudencia los hombres nobles. Fenisa lo dijo a Laura , que, encendiéndose de honesta verguenza como pura rosa, se le alteró la sangre, porque de la continuación de los ojos de Lisardo había tenido que sosegar en el alma con la honra, y en el deseo con el entendimiento y a hurto de su madre le dijo:

—No me digas eso otra vez.

Creyó Fenisa lo severo del rostro; creyó lo lacónico de las palabras; y advierta vuesa merced que quiere decir lo breve, porque eran muy enemigos los lacedemonios de hablar largo; creo que si alcanzaran esta edad, se cayeran muertos.

Visitóme un hidalgo un día, y habiéndome forzado a oír las hazañas de su padre en las Indias, más de tres horas, cuando pensé que era su intento que le escribiese algún libro, me pidió limosna.

Fenisa, finalmente, creyó a Laura, que parece principio de relación de comedia, y como sabía su recato, no le volvió a decir cosa ninguna; pero viendo Laura que era más bien mandada de lo que ella quisiera, le dijo a solas:

—¿Cómo tuvo ese caballero tanto atrevimiento que viniese a esta huerta, sabiendo que no podían faltar de aquí mis padres?

—Como ha dos años que os quiere —respondió Fenisa.

—¿Dos años? —dijo Laura—. ¿Tanto ha que es loco?

—No lo parece Lisardo —replicó la esclava—, porque tal cordura, tal prudencia, tal modestia en tan pocos años, yo no he visto en hombre.

—¿De qué le conoces tú? —dijo Laura.

—De lo mismo que tú —respondió Fenisa.

—Pues ¿mírate a ti? —prosiguió la enamorada doncella.

—No, señora —replicó la maliciosa esclava—; que, a la cuenta, vos sola en Sevilla merecéis el desatinado amor con que os adora.

—¿Conque me adora? —dijo riéndose Laura—. ¿Quién te ha enseñado a ti ese lenguaje? ¿No basta que me quiera?

—Bastará a lo menos —replicó Fenisa—, pues vos no correspondéis a tanto amor, siendo igual vuestro, y que fuera tanta dicha de los dos casaros.

—No tengo yo de casarme —dijo Laura—, que quiero ser religiosa.

—No puede ser eso —respondió Fenisa—, porque sois única a vuestros padres, y habéis de heredar cinco mil ducados de renta, y vale vuestro dote sesenta mil, sin más de veinte mil que vuestra abuela os ha dejado.

—Mira que te aviso —dijo Laura entonces— que no te pase por la imaginación hablarme más en Lisardo; Lisardo hallará quien merezca ese amor que dices; que yo no me inclino a Lisardo, aunque ha dos años que Lisardo me mira.

—Ya lo haré, señora —replicó Fenisa—, pero muchos Lisardos me parecen esos en tu boca para no tener ninguno en el alma.

Ya se llegaba la hora de comer, y ponían las mesas, para que sepa vuesa merced que no es esta novela libro de pastores, sino que han de comer y cenar todas las veces que se ofreciere ocasión, cuando Laura dijo a Fenisa:

—Lástima es, Fenisa, que ese caballero no coma por mi causa.

—¿No decías —respondió la esclava— que no te hablase en él?

—Así es verdad —replicó Laura—, y yo no hablo en él, sino que coma; haz, por tu vida, de suerte que nuestro cocinero te dé algunacosa que le lleves, y dásela a su criado como que es tuya esta memoria.

—Que me place —dijo Fenisa—, para merecer algo, como quien lleva al pobre la limosna que otro da, para que sea tuya la piedad y mía la diligencia.

Hízolo así Fenisa, y tomando un capón y dos perdices, con alguna fruta y pan blanco, de que es tan fértil Sevilla, lo llevó al referido, y dijo:

—Bien lo puede comer Lisardo con gusto, que Laura se lo envía.

Túvole de manera este caballero, agradecidísimo a tanto favor, que ya se desesperaban los criados, y se atrevieron a decirle:

—Si así come vuesa merced, ¿qué ha de quedar para nosotros?

—No sois —replicó Lisardo— dignos vosotros de los favores de Laura; tanto, que si algo queda, se me ha de guardar para la tarde.

Crueldad le habrá parecido a vuesa merced la de Lisardo, aunque no sé si me ha de responder: «No me parece sino hambre»; y cierto que tendrá razón si no sabe lo que come un enamorado favorecido a tales horas; pero, porque no le tenga vuesa merced por hombre grosero, sepa que les dio dos doblones de a cuatro, que era siglo en que los había, para que fuese el uno a Sevilla por lo que tuviese gusto; lo que ellos no hicieron, y partiendo la moneda, se llegaron hacia la casa de la huerta, donde las criadas los proveían de todo lo necesario.

Algo de esto veía Laura, con harto gusto suyo, y no se escondiendo a sus padres, quisieron saber quiénes eran aquellos hombres, que, preguntados, respondieron que músicos; y deseando alegrar a Laura, dijo el padre que entrasen, de que ellos se holgaron en extremo; trayendo un instrumento, que claro está que le había de haber en la huerta o traerle las criadas de Laura, que algunas por lo moreno eran inclinadas al baile, con extremadas voces Fabio y Antandro cantaron así:

Entre dos mansos arroyos,
que de blanca nieve el sol,
a ruego de un verde valle,
en agua los transformó,
mal pagado y bien perdido,
propia de amor condición,
que obliga con los agravios,
y con los favores no,
estaba Silvio mirando
del agua el curso veloz,
corrido de que riendo

se burle de su dolor.
Y como por las pizarras
iba dilatando el son,
a los rústicos cristales
dijo con llorosa voz:
« Como no saben los celos
ni de pasiones de amor,
ríense los arroyuelos
de ver cómo lloro yo.
Si amar las piedras es causa
de sequedad y calor,
bien hace en reírse el agua,
pues por fría nunca amó.
Lo mismo sucede a Filis,
que para el mismo rigor
es de más helada nieve
que los arroyuelos son.
Ellos en la sierra nacen,
y ella entre peñas nació,
que sólo para reírse
ablanda su condición.
Al castigo de sus burlas
tan necia venganza doy,
que estos dos arroyos miran
en mis ojos otros dos.
Lágrimas que dan venganza
notables flaquezas son;
mas deben de ser de ira,
que no es posible de amor.
No me pesa a mí de amar
sujeto de tal valor,
que apenas puede a su altura
llegar la imaginación.
Pésame de que ella sepa
que la quiero tanto yo;
porque siempre vive libre
quien tiene satisfacción.
Por eso digo a las aguas
que risueñas corren hoy,
trasladando de su risa
las perlas y la ocasión:
Como no saben de celos
ni de pasiones de amor,

ríense los arroyuelos
de ver cómo lloro yo. »

Dudosa estaba Laura, mientras cantaban Fabio y Antandro
estos versos, si se habían hecho por ella, y aunque en todo convenían
con el pensamiento de Lisardo, en quejarse de celos, le pareció que
diferían mucho de su honestidad y recogimiento, si bien esto no
satisfacía a la duda; porque los amantes, sin dárselos, tienen celos,
y no han menester ocasión para quejarse, a la traza de los niños, que
se suelen enojar de lo que ellos mismos hacen.

Pidieron los padres de Laura a Fabio no se cansase tan presto,
y él y Antandro, en un tono del único músico Juan Blas de Castro,
cantaron así:

Corazón, ¿dónde estuviste,
que tan mala noche me diste?

¿Dónde fuiste, corazón,
que no estuviste conmigo?
Siendo yo tan vuestro amigo,
¿os vais donde no lo son?
Si aquella dulce ocasión
os ha detenido así,
¿qué le dijiste de mí,
y de vos qué le dijiste,
que tan mala noche me diste?

A los ojos es hacer,
corazón, alevosía;
pues lo que ellos ven de día
de noche lo vais a ver.
Ellos se suelen poner
en ocasiones de gloria,
pero vos, con la memoria,
yo no sé dónde estuviste,
que tan mala noche me diste.

Corazón, muy libre andáis,
cuando preso me tenéis,
pues os vais cuando queréis,
aunque yo quiero que os vais[14]:

[14] vais: *vayáis*.

36

allá vivís y allá estáis;
no parece que sois mío,
si pensáis que yo os envidio,
¿qué esperanzas me trajiste,
que tan mala noche me diste?

Ya se quedaban los instrumentos con el eco de las consonancias, aunque, si bien me acuerdo, no era más que uno, cuando Laura preguntó a Fabio quién era el escritor de aquellas letras. Fabio le respondió que un caballero que se llamaba Lisardo, mancebo de veinticuatro años, a quien ellos servían.

—Por cierto —dijo Laura—, que él tiene muy cuerdo ingenio.

—Sí tiene —dijo Antandro—, y acompañado de linda disposición, y talle, pero sobre todo de mucha virtud y recogimiento.

—¿Tiene padre? —dijo el de Laura.

—No, señor —respondió Fabio—; ya murió Alberto de Silva, que vuesa merced habrá conocido en esta ciudad.

—Sí conocí —dijo el viejo—, y era grande amigo mío y de los hombres ricos de esta ciudad; y me acuerdo de ese caballero su hijo, cuando era niño y comenzaba a estudiar gramática, y me alegro de que haya salido tan semejante a su padre. ¿No trata de casarse ahora?

—Sí trata —dijo Antandro—, y lo desea en extremo, con una hermosa doncella igual a sus merecimientos en dotes naturales y bienes de fortuna.

Con esto, los mandó regalar Menandro, que así era el nombre del padre de Laura, y ellos se despidieron, contando entre los árboles a Lisardo todo lo que les había sucedido, que los estaba esperando desesperado.

Laura quedó cuidadosa, llena de solícito temor, que así define el amor Ovidio, porque dio en imaginar que aquella doncella con quien quería casarse Lisardo era otra, y que las finezas eran fingidas, no conociendo que Antandro lo había dicho para que Laura entendiese su deseo: así es temeroso el amor, atribuyendo siempre en su daño hasta su mismo provecho. No pudo alegrarse más; y dando prisa a sus padres con no sentirse buena, se volvieron a Sevilla. Durmió mal aquella noche, y el día siguiente la afligió tanto aquel pensamiento, que se vino a resolver en escribirle. Vuesa merced juzgue si esta dama era cuerda, que yo nunca me he puesto a corregir a quien ama. Borró veinte papeles, y dio el peor y último a Fenisa, que con admiración, que se pudiera llamar espanto, le llevó a Lisardo, que en aquel punto iba a subir a caballo para pasear su calle. Casi fuera de si oyó el recado de palabra, y llevándola de

37

la mano a un jardín pequeño que enfrente de la puerta principal de su casa ofrecia a la vista algunos verdes naranjos, la dio muchos abrazos; y recibiendo el papel con más salvas que si trajera veneno, abrió la nema, guardó la cubierta, y leyó asi:

« Los años que vuesa merced me ha obligado a su conocimiento, parece que me fuerzan en cortesía, a darle el parabién de su casamiento, mayormente siendo tan acertado, con dama tan hermosa y rica; pero suplico a vuesa merced que ella no sepa este atrevimiento mío, que me tendrá por envidiosa, y vuesa merced no ha menester de hacer gala de mi cortesía para acreditarse, pues no será tan humilde que no piense que lo que ella merece vale por sí mismo esta general estimación de todas. »

Con una blanda risa, más en los labios que en la boca, dobló el papel Lisardo, y, por lo que había contado Antandro, conoció el engaño de Laura, o que se había valido de aquella industria para provocarle a desafío de tinta y pluma, que en las de amor es lo mismo que de espada y capa. Llevó a Fenisa a un curioso aposento, bien adornado de escritorios, libros y pinturas, donde le dijo que se entretuviese mientras escribía. Fenisa puso los ojos en un retrato de Laura, que un excelente pintor había hecho al vuelo de sólo verla en misa, y Lisardo escribió, haciendo gala de que fuese aprisa y con donaire, y cerrando el papel, abrió un escritorio, y dando cien escudos a Fenisa, le abrió las entrañas.

Fuese la esclava, y Lisardo volvió a leer el papel otras dos veces, y poniéndole la cubierta encima, le acomodó en una naveta de un escritorio, donde tenía sus joyas, porque así le pareció que le engastaba.

Llegó Fenisa donde Laura esperaba la respuesta con inquietud notable; diole el papel, contóle el gusto con que la había recibido, el aseo de su aposento, la grandeza de la casa; y calló los cien escudos, aunque hizo mal, que también esto obliga a quien ama y desea ser amada; pero peor hubiera sido que confesara la mitad, como hacen muchos criados, en ofensa grave de la liberalidad de los amantes. Abrió Laura el papel con menos ceremonias, aunque por ventura con más sentimiento, y leyó así:

« La señora que yo sirvo, y lo es de mi libertad, y con quien deseo casarme, es vuesa merced, y esto mismo dijo Antandro para que en este sentido se entendiese. Con esta satisfacción pudiera vuesa merced tener envidia de sí misma, si yo mereciera lo que dice por honrarme, que no tengo ni tendré otro dueño mientras tuviere vida. »

Cuando yo llego a pensar por dónde comienzan dos amantes el proemio de su historia, me parece el amor la obra más excelente de la Naturaleza; y en esto no me engaño, pues bien sabe la filosofía que consiste en él la generación y conservación de todas las cosas, en cuya unión vive, aunque entre la armonía de los cielos, que en el aforismo de que todas se hacen a manera de contienda, eso mismo que las repugna las enlaza, y así se ve que los elementos que son los mayores contrarios simbolizan en algunas cosas y comunican sus calidades. Convienen el fuego y el aire en el calor, porque el fuego le tiene sumo y el aire moderado; el fuego y la tierra en lo seco, el aire y el agua en lo húmedo, y el agua y la tierra en lo frío, de cuya conveniencia es fuerza amarse; y a este ejemplo, las demás de la generación y corrupción de la Naturaleza. Pero dirá vuesa merced: ¿Qué tienen que ver los elementos y principios de la generación de amor con las calidades elementales? Mas bien sabe vuesa merced que nuestra humana fábrica tiene de ellos su origen, y que su armonía y concordancia se sustenta y engendra de este principio, que, como siente el filósofo, es la primera raíz de todas las pasiones naturales.

Notable edificio, pues, levanta amor en esta primera piedra de un papel, que sin prudencia escribió esta doncella a un hombre tan mozo, que no tenía experiencia de otra voluntad desde que había nacido. ¿Quién vio edificio sobre papel firme? ¿Ni qué duración se podrá prometer la precipitada voluntad de estos dos amantes, que desde este día se escribieron y hablaron, si bien honestamente, fundados en la esperanza del justo matrimonio? Y tengo por sin duda que si luego pidiera Lisardo a Laura, Menandro lo hubiera tenido a dicha; pero el querer primero cada uno conquistar la voluntad del otro, a lo menos asegurarse de ella, dio causa a que la dilación trajese varios accidentes, como suele en todas las cosas, donde se acude con la ejecución después del maduro acuerdo, como sintió Salustio.

Tenía Lisardo un amigo que desde sus tiernos años lo había sido, igual en calidad y hacienda, llamado Octavio, procedente de ciertos caballeros genoveses que en aquella ciudad habían vivido, y a quien la mar no había correspondido ingrata a lo que en confianza suya habían aventurado. Éste amaba desatinadamente a una cortesana que vivía en la ciudad tan libre y descompuesta, que por su bizarría y despejo público era conocida de todos. Pasaba el pobre Octavio sus locuras con inmenso trabajo de su espíritu y no pequeño daño de su hacienda, porque a vuelta de cabeza se la cargaba de infinito peso, mayormente si se descuidaba de comprar por instantes lo que le parecía que tenía adquirido.

Amor no se conserva sin esto, yo lo confieso; pero en este

género de mujeres es la codicia insaciable. Hame acontecido reparar en unas hierbas que tengo en un pequeño huerto, que con la furia del sol de los caniculares se desmayan de forma, que, tendidas por la tierra, juzgó por imposible que se levanten, y echándolas agua aquella noche, las hallo por la mañana como pudieran estar en abril después de una amorosa lluvia. Este efecto considero en la tibieza y desmayo del amor de las cortesanas, cuando la plata y el oro las despierta y alegra tan velozmente, que el galán que de noche fue aborrecido porque no da, a la mañana es querido porque ha dado. Olvidada, finalmente, Dorotea, que así se llamaba esta dama, de las obligaciones que tenía a Octavio, puso los ojos en un perulero[15] rico, así se llaman, hombre de mediana edad, y de no mala persona, aseo y entendimiento. A pocos lances conoció Octavio la mudanza, y, siguiéndola un día, la vio entrar disfrazada en casa del indiano referido, donde esperó desatinado a que tomase puerto en la calle de aquella embarcación tan atrevida, y asiéndola del brazo, le dio, con poco temor del perulero y vergüenza de la vecindad, algunos bofetones. A sus voces y de la criada, que, llegando a defenderla, partieron la ganancia, salió Fineo, que éste fue su nombre, o lo es ahora, y con dos criados suyos le hizo salir de la calle con menos honor que si quedara en ella, pero con más provecho suyo. Corrido Octavio, como era justo, porque al huir, dice Carranza, y lo aprueba el gran don Luis Pacheco[16], no hay satisfacción, dio parte a su amigo Lisardo de su disgusto, y con los dos criados músicos referidos fueron a esperarles dos o tres noches; porque él no salía sin cuidado de su casa, y la última, que venía de visitar un amigo (¡oh noche, qué de desdichas tienes a tu cuenta!, no en balde te llamó Estacio acomodada a engaños; Séneca, horrenda, y los poetas, hija de la tierra y de las parcas, que es lo mismo que de la muerte, pues ellas matan y la tierra consume lo que entierra), saliéronle al paso Octavio y Lisardo con los criados, y dándole muchas cuchilladas, se defendió valerosamente con los suyos hasta que cayó muerto, dejando a Octavio herido de una estocada de que también murió de allí a tres días. Éstos estuvo retraído Lisardo, y queriendo hacer fuerza la justicia en sacarle de la iglesia, le fue forzoso ausentarse, y con grandes lágrimas de Laura y suyas salió de Sevilla, y por ser ocasión en que se partía la flota de Nueva España, aconsejado de amigos y deudos, se pasó a las Indias.

Fue tan difícil de remediar este caso, aunque de entrambas

[15]Perulero: *indiano, hombre que se había hecho rico en América, en las Indias.*
[16]Carranza… Pacheco: *dos escritores de la época que escribieron libros sobre el arte de la esgrima.*

partes había dos muertos, que no pudo volver a Sevilla Lisardo cuando pensaba.

En triste ausencia quedó Laura con tan notable sentimiento de su partida, conocido de sus padres, que con algún advertimiento reparaban en Lisardo, y no les pesara de que fuera su yerno, pero habiendo pasado dos años de inmensa tristeza, le propusieron algunos casamientos para sacarla de ella, de personas ilustres y dignas de su hermosura, calidad y hacienda. Era de suerte lo que Laura sentía que le tratasen de esto, que cada vez que lo intentaban, la tenían por muerta; pero habiéndose informado de Fenisa, y entendiendo que mientras estuviese en esperanza de casarse con Lisardo no admitiría casamiento alguno, determinó Menandro de fingir una carta que diese nuevas, entre otras relaciones, de que Lisardo se había casado en Méjico, y una aparte para un amigo suyo, que, visitándole, dejase caer al descuido, que hallada de Laura, decía así:

« En este viaje no tengo que advertiros más de que todo se despacha bien, y mejor lo que menos pensábais. Llegó bueno el virrey, y creo que nos hemos de hallar muy bien con él, porque es un gran príncipe, celoso del servicio de Dios y de Su Majestad. Hacedme el placer de saber en qué estado están los negocios de Lisardo de Silva en esa ciudad, porque ya son tan propios míos que le he casado con mi hija Teodora, con mucho gusto de entrambos, porque se querían mucho. Esto me importa notablemente, porque quiere ir Lisardo a España y pretender un hábito en la Corte, y yo deseo ver honrada mi casa, y que comience su valor en este caballero, a quien, por el que tiene en todo, he dado en dote sesenta mil ducados. »

Cómo quedaría Laura con esta carta, echada con tan falso descuido para darle tan verdadero cuidado, no es posible encarecerlo; pobre amante, que cuando estaba solicitando su libertad para verla se la estaban quitando con tan notable industria; y no se engañaron, aunque vuesa merced lo sienta: que, pasados algunos días de lágrimas, se consoló, como lo hacen todas, y dijo a sus padres que quería obedecerlos. Los cuales, así como conocieron el efecto de la industria, trataron de darle marido que deshiciese con su presencia fácilmente la voluntad de Lisardo, que no había podido tan larga ausencia.

Había un caballero en la ciudad, no de tan gallarda presencia, pero de más juicio, años y opinión constante, rico y lustroso de familia, y codiciado de muchos para yerno, porque traía escrita en la frente la quietud y en las palabras la modestia. Tratóse entre los deudos de una y otra parte el concierto, y estando a todos con igualdad, no fue difícil de llegar a ejecución con la brevedad que los padres de Laura deseaban.

Casóse Laura, y en esta ocasión dijera un poeta si había asistido Himeneo triste o alegre, y si tenía el hacha viva o muerta, ceremonia de los griegos, como llamar a Talasio de los latinos.

Y porque vuesa merced no ignore la causa por que invocaba la gentilidad en las bodas este nombre, sepa que Himeneo fue un mancebo, natural de Atenas, de tan hermoso y delicado rostro, que con el cuidado de los rizos del cabello, como ahora se usan, era tenido por mujer de muchos. Enamoróse este mancebo ardentísimamente de una hermosa y noble doncella, sin esperanza de fin a su deseo, porque én sangre, hacienda y familia era inferior y desigual con diferencia grande; con esta desconfianza, Himeneo, para sustentar sus ansias siquiera de la amada vista de esta doncella, vestíase su mismo hábito, y mezclándose con las demás que la acompañaban, ayudado de los colores de su rostro, en amistad honesta vivía con ella y la seguía a las fiestas y campos, sin osar declararse por no perderla. En este tiempo le sucedió lo que a muchos, que, pensando engañar, lo quedan ellos; porque, habiendo salido fuera de la ciudad su dama con otras muchas a los sacrificios de Ceres Eleusina, saltaron de improviso en tierra, y con las demás doncellas le robaron. Ellos, la presa y la nave tomaron puerto cerca, y habiendo repartido a su gusto lo que a cada uno le tocaba, hicieron fiesta sobre la hierba, y andando Ceres y Baco dando calor a Venus con el trabajo del remo y descanso del vino se rindieron al seno. Himeneo, valerosamente gobernado de su ánimo en ocasión tan fuerte (que la hermosura en los hombres no estorba la valentía del corazón, y yo he visto muchos feos cobardes), sacó la espada de la cinta al capitán de los piratas, y uno a uno les cortó la cabeza, embarcó las doncellas, y con inmenso trabajo volvió a Atenas; los padres de las cuales, en remuneración de tanto beneficio, solicitaron al de su dama y se la dio por mujer con la cual vivió en paz, sin celos y sin disgusto, y con muchos hijos, de donde tomaron ocasión los atenienses de invocarle en sus bodas, como a hombre tan dichoso en ellas, y poco a poco se fue introduciendo el cantarle himnos, como a su protector, de que se hallan tantos en los poetas griegos y latinos, y recibirse su nombre por las mismas bodas.

No pienso que le habrá sido a vuesa merced gustoso el episodio, en razón de la poca inclinación que tiene al señor Himeneo[17] de los

[17] Himeneo: *Marcia Leonarda, es decir Marta de Nevares, abandonó a su marido, hombre "del más grosero entendimiento", según Lope, por el escritor.*

atenienses; pero por lo menos le desvié la imaginación del agravio injusto que hicieron estas bodas al ausente Lisardo, y la facilidad con que se persuadió la mal vengada Laura; aunque por el camino que fue la industria, ¿a qué mujer le quedara esperanza, cuando no quisiera vengarse? Cosa que apetecen enamoradas con desatinada ira, tanto, que, en viendo cualquier retrato de mujer, pienso que es la venganza.

Puso Marcelo, que así se llamaba su marido, ilustre casa, hizo un vistoso coche, el mayor deleite de la mujeres, y en esta parte soy de su parecer, por la dificultad del traje y la gravedad de las personas, y más después que se han subido en un monte de corcho, haciéndose los talles tan largos, que se hincan de rodillas con las puntas de los jubones.

Casóse un hidalgo, amigo mío, de buen gusto, y la noche primera que se había de celebrar el himeneo, en griego, y la boda, en castellano, vio a su mujer apearse de tan altos chapines y quedar tan baja, que le pareció que le habían engañado en la mitad del justo precio. Dijo entonces ella:

—¿Qué os parece de mí?

Y él, con poco gusto, le respondió:

—Paréceme que me han dado a vuesa merced como a mohatra, pues he perdido la mitad de una mano a otra.

A quien yo consolé con la respuesta de aquel filósofo que, diciéndole un amigo suyo que por qué se había casado con mujer tan pequeña, respondió: « De mal, lo menos. »

Mas cierto que todos se engañan, que una mujer virtuosa, o sea grande o pequeña, es honra, gloria y corona de su marido, de que hay tantas alabanzas en las divinas letras; ¡y ay del enfermo que ellas no curan, el solo que no regalan y el triste que no alegran!

Entre otras cosas que trajo Marcelo a su casa, fue un esclavo, de quien fiaba mucho, alarbe[18] de nación, que en una presa del general de Orán había sido cautivo. Éste tenía cuenta de los caballos del coche y de otros dos en que paseaba, de los Valenzuelas de Córdoba, que también hay linaje de caballos con su nobleza. No se olvide, pues, vuesa merced de Zulemo, que asi se llamaba, que me importa para adelante que le tenga en la memoria.

Casados vivían en paz, aunque sin señales de hijos, que lo suelen ser del matrimonio, Marcelo y Laura, cuando, habiéndose acabado con ruegos y dineros y años, que lo vencen todo, el pleito de Lisardo, apareció en Sanlúcar con los galeones de Nueva España; y como de su pensamiento no diese parte a nadie, y por coger de

[18] alarbe: *árabe*.

improviso a Laura con la alegría de su presencia ignorante de su casamiento, vino a Sevilla.

No le dijeron en su casa nada, o ya ocupados en verle, o ya porque pensaron que cosa tan notable para él como estar casada Laura ya lo sabría, o por no le recibir con malas nuevas, que suele ser la mayor ignorancia de los deudos y amigos. Con esto, así como estaba, y solo, quitándose las espuelas se fue a casa, serían las ocho de la noche, y vio Lisardo en el patio tan diferente ruido, que se le turbó el corazón y heló la sangre, y después de un rato preguntó a un criado que ayudaba a poner en su lugar aquel vistoso coche, en que debía de haber venido Laura, quién vivía en aquella casa.

—Aquí vive Menandro —le respondió— y Marcelo, su yerno. Pasóle el corazón esta palabra, y todo temblando, le dijo:

—Pues ¿acaso la señora Laura?...

—Sí —replicó el criado con sequedad; y se lo pagó Lisardo con lágrimas, que de improviso vinieron a los ojos por ayudar al corazón en tan justo sentimiento.

Sentóse en un poyo que estaba junto a la puerta, y no pudiendo hablar, porque le ahogaba el dolor, vertió parte del veneno, con que sintió algún alivio. Levantóse finalmente, porque ya reparaban en él, que la buena disposición lo solicitaba, con las galas y plumas del camino, en las cuales fue la primera venganza, porque, haciéndolas pedazos, sembró de ellas la calle, diciendo: «Éstas y mis esperanzas son todo uno.» De allí pasó a los guantes, y tirándose de una cadena de piezas, la perdió toda.

Bien había hora y media que andaba el afligido mozo por la calle, cuando, habiendo oído algún ruido en una sala, asió las manos a los hierros de su reja, y sin mirar él qué hacía, se asomó a uno de los postigos de la ventana, donde vio sentar a la mesa a Laura, a su marido y a sus padres. Aquí perdió el sentido, y, cayendo en tierra, estuvo desmayado un rato; volvió en sí, y trepando segunda vez por los hierros, vio la ostentación de la plata y familia con que se servían, el contento que mostraban y los platos y regalos que Marcelo hacía a Laura tan amorosamente; reparaba en su rostro, en su vestido y en el buen aire con que cenaba; que el comer aseadamente y con despejo se cuenta entre las cosas a que está obligado un hombre bien nacido, y le parecía que en su vida había visto hombre más hermoso.

¡Oh celos, qué de cosas feas habéis hecho que parezcan lo contrario!

Allí se extendía la imaginación a cosas terribles de sufrir, y entre todas, a creer que Laura estaría enamorada de Marcelo, como era razón y como a él le parecía que era forzoso merecerlo.

Suspiraba Lisardo, deseando que le oyese Laura. ¡Qué locura! Mas ¿quién tuviera prudencia en tal desdicha? Acabóse la cena de Marcelo y la paciencia de Lisardo a un mismo tiempo. Ellos se recogieron después de un rato de conversación, y él se quedó con todas sus esperanzas en la calle. La pena de su casa era forzosa; y así, salieron a buscarle por varias partes, sin que dejasen amigo donde no fuesen. Acordóse Antandro de los pensamientos de Laura, partió a su casa y halló en su calle a su señor poco menos que loco y algo más que desdichado; quitóle, después de muchas razones y conveniencias, del puesto que había tomado, como soldado de amor, hasta el cuarto del alba; trájole a su casa con buenos consejos, y, haciéndole acostar, no durmieron entrambos, porque en contarle lo que había visto y lamentarse de Laura llegó el día. Rogó a Antandro que fuese en casa de Menandro y procurase ser visto de Fenisa; lo cual sucedió tan bien, que apenas le vio la esclava, cuando, puesto su manto y aquel sombrero que con tanta bizarría se ponen las sevillanas, salió a buscarle. No habían los dos transpuesto la calle, cuando Fenisa le dio muchos abrazos, y preguntándole por Lisardo, llegó el esclavo Zulemo referido, y ella interrumpió la plática y se volvió a su casa.

Reparó el esclavo en el forastero, y algo celoso de Fenisa, quiso seguirle; pero Antandro le burló en una de las muchas calles estrechas de aquella ciudad, y dio cuenta a Lisardo de que ya Laura sabría que él estaba en Sevilla.

Con aquella ocasión el tierno amante tomó la pluma, y, escribiendo un papel, le dijo a Antandro que le llevase, y si pudiese dársele a Fenisa, le prometiese grandes intereses y regalos por la fe y confianza de este secreto. Sucedió así, y Laura, que ya sabía que había venido, con poca alteración y mucha curiosidad, le abrió severa y leyó así:

« Anoche llegué a Sevilla a vivir en tu vista de tanta muerte como he padecido en tu ausencia, y cumplir la palabra que te había dado de ser tu marido. La primera cosa que supe fue que le tenías, y la segunda, verle, con tanto dolor mío, que sólo pudo impedir el matarme el saber que hay alma. Cruelmente has procedido con mi inocencia; no eran ésas palabras en mi partida a Méjico, acreditadas de lágrimas, pero eres mujer, último consuelo de los hombres. Mas, para que veas la diferencia que mi amor hizo al tuyo, mientras dispongo de mi hacienda, viviré en Sevilla, y luego me cubrirá un pobre hábito; que quiero fiar del cielo mi remedio, porque en la tierra no le espero de nadie. »

Sin alteración dije que abrió el papel Laura, pero no le volvió a cerrar sin mucha; y dudosa de que podría mentir Lisardo, como fuesen muchos cuando la prueba de sus mentiras tiene ultramarino el término, abrió un escritorio, donde tenía la carta fingida de su padre, más acaso que con cuidado, y había querido rasgar siempre que la veía, y, poniéndole una cubierta, se la envió a Lisardo.

Alguna alegría le causó entonces ver papel suyo; pero cuando desconoció la letra y vio la firma fingida de un mercader que él había conocido en Méjico leyó la carta, y con un suspiro, en voz triste dijo: « Éste me ha muerto. » Pasó aquel día, y haciendo que le cortasen de vestir de luto, al siguiente salió por la ciudad tan desconocido, que daba ocasión a todos de preguntarle la causa, para la cual no le faltaba industria. Con esto, volvió a escribirla, diciendo así:

« Intervención de mi fortuna fue esta carta para quitarme todo mi bien, y aunque parece bastante disculpa, no la puede haber de no haber venido acompañada de una letra sola: que desprecios de lo que se ha querido no dan honra a quien aborrece, ni con ella cortó jamás la espada de los nobles en los que están rendidos. Yo partí de Sevilla por fuerza, navegué sin vida, llegué a Méjico sin alma, viví muerto, guardé lealtad invencible, volví con esperanza, hallé mi muerte, y para todo he hallado consuelo en el engaño de esta carta; mas para tanto desprecio será imposible; que tenerme en poco, aunque sea sobra de contento en el nuevo estado, es falta de discreción en la cortesía. »

A este papel respondió Laura el que sigue:

« Lo que pareció liviandad en mi honor no ha sido descortesía al vuestro; pero cuando la hubiera usado, bien la merece un hombre que niega haberse casado en Indias, pues el luto que trae muestra bien que, porque ha enviudado quiere que yo crea que no se casó, y que es verdadera esa carta. »

Aquí pensó rematar el juicio Lisardo, viendo que el luto que había puesto para obligarla con el sentimiento le había resultado en mayor daño. Quitósele el mismo día, y siéndolo de fiesta, se vistió de las mejores y más ricas galas que tenía, y con extremadas joyas se fue a San Pablo, donde Laura vino a misa, y le vio en hábito tan diferente, que se certificó que el luto era fineza y la carta mentira. Con esto y la solicitud de Lisardo comenzó amor a resolver las cenizas del pasado fuego, donde, como suelen algunas centellas, se descubrían algunas memorias. Fenisa terciaba, obligada de dineros y vestidos; Laura miraba amorosamente; Lisardo se atrevía, y con esperanzas de algún favor volvió presto en sí; estaba en extremo gentilhombre. Marcelo reparaba poco en las bizarrías de Laura, pareciéndole no estrechar los pocos años a más grave estilo de recogimiento; con esto, al paso de su descuido, crecía el cuidado de los dos, y a vueltas el atrevimiento. Ya los papeles eran estafeta diaria, y se iba disponiendo el deseo a poco honestos fines: que Marcelo no era amoroso ni había estudiado el arte de agradar, como algunos, que piensan que no importa y que todo se debe al nombre, no considerando que el casado ha de servir dos plazas: la de marido y la de galán, para cumplir con su obligación y tener segura la campaña.

Paréceme que dice vuesa merced: ¡Oh, lo que os deben las mujeres! Pues le prometo que aquí me lleva más la razón que la inclinación, y que, si tuviera poder instituyera una cátedra de casamiento, donde aprendieran los que lo habían de ser desde muchachos, y que, como suelen décir los padres unos a otros: « Este niño estudia para religioso; éste, para clérigo, etc. », dijeran también: « Este muchacho estudia para casado », y no que venga un ignorante a pensar que aquella mujer es de otra pasta porque es casada, y que no ha menester servirla ni regalarla porque es suya por escritura, como si lo fuese de venta, y que tiene privilegio de la venganza para traerla mil mujeres a los ojos, sin reparar, como sería justo, en que ha puesto en sus manos todo lo mejor que tiene el alma, como es la honra, la vida, la quietud, y aun con ella, que muchos la habrán perdido por esta causa. Diga ahora vuesa merced, suplícoselo, que si es esta novela sermonaria. No, señora, responderé yo por cierto, que yo no los estudio en romance, como ya se usa en el mundo, sino que esto me hallé naturalmente, y siempre me pareció justo.

Consolado estaba Lisardo de haber perdido Laura, pareciéndole que no era perderla estar tan cerca de la posesión que tantos años de pena le había costado; que como los deseos de amor, de una y otra manera tienen un mismo fin, aunque sea por breve hurto y con peligro del deshonor ajeno y daño propio, se buscan y solicitan. Lisardo, favorecido, amaba; Laura, libre y olvidada de lo que se debía a sí misma, no advertía qué fin suelen tener iguales atrevimientos. Antandro era el secretario; Fenisa, el paraninfo; en la iglesia se miraban, en la calle se hacían amorosas cortesías, y en el campo se hablaban, y algunas veces por las rejas, mientras Marcelo dormía, y otras, que estaba más advertido. Fabio y su amigo, en el mayor silencio de la noche, cantaban así:

Belisa de mi alma,
de cuyos ojos bellos
el mismo sol aprende
a dar su luz al suelo;
Belisa, más hermosa
que en el cielo sereno,
al alba, y a la tarde,
el cándido lucero;
que ya por este valle,
de hoy más le llamaremos
la estrella de Belisa,
como hasta aquí de Venus;
dejando tu hermosura,
si yo dejarla puedo,
y celebrando solo
tu raro entendimiento,
¿quién no dirá, señora,
que cuidadoso el cielo
puso por alma un ángel
en tu divino cuerpo?
Gloriosa está la mía
de tenerle por dueño,
si bien las esperanzas
me tienen vivo y muerto.
Vivo porque me animan
al fin donde no llego,
y muerto en ellas mismas
porque esperando muero.
Todos, Belisa mía,
se quejan que por ellos
el tiempo aprisa pasa,
sin poder detenerlo.
Y yo, de que camina
tan despacio me quejo;
que pienso que se para
en mis años el tiempo.
A muchos que han amado
dio Tántalo su ejemplo:
mas, como a mí, ninguno,
con tan alto deseo.
Lo que me dan me falta,
no tengo el bien que tengo,
viniendo a ser mis obras

mentales pensamientos.
Usa mi amor ahora
de los antojos nuevos,
cerca para los ojos,
para los brazos lejos.
Belisa, pues naciste
tesoro de los cielos,
¿quién para mí te hizo
de sueño lisonjero?
Pues cuando más segura
pienso que te poseo,
despierto y no te hallo,
que eres verdad y sueño.
Contigo, dueño mío,
nació mi amor primero,
contigo se ha criado,
contigo fue creciendo.
Aciertan los que juzgan
que es mi pecho pequeño
para un amor tan grande,
mas no para tu pecho.
Y llaman esperanzas
los males que padezco;
pidiendo posesiones,
levántanme que espero;
en deseos aprisa
esperanzas de asiento
es muerte dilatada,
no habiendo mar en medio.
¡Qué pocas que me dieran,
si padecieran ellos!
Mas si años hacen penas,
¿qué amante fue más viejo?
Perdona si te canso,
que mientras no te tengo,
no puedo amarte más
ni desearte menos.

Así pasaba Lisardo sus esperanzas, unas veces alegre y otras triste;
y Laura, con papeles y favores, unas veces le divertía y otras le
aseguraba, cuyas dudas y deseos le significó un día en estos versos:

Pensamiento, no penséis
que estoy de vos agraviado,
pues me dejáis obligado
con el daño que me hacéis;
antes pienso que tenéis
queja de mí con razón,
porque he puesto en condición
de quien sabéis la mudanza;
que no merece esperanza
quien no piensa en posesión.

Nunca vos y yo pensamos,
aunque vos sois pensamiento,
vernos en tan alto intento,
que los dos nos envidiamos;
pues si contentos estamos,
vos del lugar en que estáis,
y yo de que le tengáis,
no sufráis que culpa os den
de que no estimáis el bien,
pues que nunca al bien llegáis.

Este imposible forzoso
de alguna noble desdicha
hace dilatar la dicha
al que puede ser dichoso;
de confuso y temerosos,
que no lo digáis consiento,
que en mí grave sentimiento,
lo que sabemos los dos,
no lo fiara de vos
a no ser mi pensamiento.
Quiero, y no puedo alargarme
a ejecutar lo que quiero;
espero lo que no espero,
por ver si puedo engañarme;
sin saber determinarme,
ya determinado estoy;
a quien me niego me doy,
y en este mortal disgusto
soy Tántalo de mi gusto
y el mismo imposible soy.

Fuerte linaje de mal
es huir el rostro al bien,
quien llega a que se le den
con mérito desigual;
en congoja tan mortal
lo mismo que dudo creo;
y en tal estado me veo,
sin poderme remediar,
que aun no puedo desear
eso mismo que deseo.

Vos, hermoso dueño mío,
recibid, pues vuestro soy,
del imposible en que estoy,
a satisfacción que envío;
contra mis dichas porfío
entre atrevimiento y miedo,
pero en laberinto quedo,
donde tengo de morir;
pues cuando voy a salir
pruebo a salir y no puedo.

En estos últimos versos anduvo menos cortesano Lisardo que
en los demás que habló con su pensamiento, pues confesaba que
había hecho diligencias para salir, si no se ha de entender con lo
que dijo Séneca, que el amor tenía fácil la entrada y difícil la
salida. No sé qué disculpa halle a este caballero, habiendo sido
opinión del mayor filósofo que amor ni lo es para ese fin ni sin
él; cosa que me holgara de preguntársela, si viera ahora, aunque
fuera desde aquí a Grecia, porque parece que implican
contradicción esas dos sentencias; si no es que quiere decir que
puede haber amor verdadero con deseo de opinión y sin él.

Vuesa merced juzgue cuál de esos dos tiene ahora en el
pensamiento, y perdone a los pocos años de Lisardo el no
platonizar con la señora Laura.

Finalmente, de línea en línea se acercó Lisardo a la última de
las cinco que Terencio le puo en la *Andria*, en cuya final
proposición Laura escribió así:

« Si fuera vuestro amor verdadero él se contentara, Lisardo mío,
del estado en que vuestra venida de las Indias halló mi honra, pues
bien sabéis que me casé engañada, que os esperé firme y que os lloré
casado. No sé cómo queréis que pueda atropellar por la obligación

51

de mis padres, el honor de mi marido y el peligro de mi fama; cosas tan graves, que por cualquiera de ellas conozca que queréis más vuestro gusto solo que a todas juntas. Mis padres son bien nacidos; mi marido me tiene obligada con su amor y con sus regalos; mi fama es la mayor joya de mi persona; ¿qué haré si toda la pierdo por vuestra liviandad? ¿Cómo cobrarán mis padres su autoridad, mi marido su opinión y mi nombre? Contentaos, señor mío, con que os ame más que a mis padres, que a mi dueño y que a mí misma, sin que me respondáis que si fuera así, todo lo aventurara por vos. Yo confieso que, mirado de presto, parece verdad; pero, considerado, es mentira; porque podré yo replicaros que, si vos no aventuráis por mí cosa que vos podéis vencer con sólo que queráis, ¿cómo queréis que yo por vos aventure lo que no puedo cobrar si una vez lo pierdo por vos? Mirad cuál hará más en esta turbada confusión de nuestro amor: yo, que sufro lo mismo que vos y soy mujer, o vos, que me queréis perder por no sufriros a vos. Quisiera traeros ejemplos de algunas desdichas, pero conozco vuestra condición, y sé que habéis de pasar por los renglones de esta materia como quien topa enemigo en la calle, que hace que no le ve hasta que sale de ella. Mas pluguiera a amor que no tuviera esto más inconveniente que perder la vida, que vos vierais que no es el mio tan cobarde que no la aventura por vos, y me fuera la muerte dulce y agradable. Reciba yo este favor de vos: que con el entendimiento consultéis este papel, y no con la voluntad; que ella os templará el deseo, y durará nuestro amor; que con lo que vos queréis corre peligro de acabarse. »

Cuando Lisardo estaba por instantes deseando la ejecución de su deseo y el puerto de su esperanza, de que tenía celajes en las cosas que suelen prevenirle, pensó acabar la vida; lloró, que amor es niño; y como los que lo son arrojan lo que les dan si no es todo lo que piden, trató el papel sin respeto, y dijo a las letras, que solía venerar, algunas necias injurias. Ultimamente puso la pluma en el papel, y escribió así:

« Mi amor es verdadero, más sin comparación que el de vuesa merced; y si mi deseo lo desacredita, no he tenido yo la culpa, sino quien le ha llevado de la mano a ser tan loco; desdicha que se pudiera haber excusado entre los dos, vuesa merced favoreciéndome y yo engañándome. Sus padres de vuesa merced, su dueño y su fama pongo en los ojos con toda la veneración que debo, y del poco respeto que hasta aquí les he tenido, pido perdón, con protestación de tanta enmienda, que venza mi recato por infinita distancia la libertad de mis pasados pensamientos. Y suplico a vuesa merced también se tenga por servida con ellos de perdonarme la parte que

le alcanza de esta ofensa, que, como comencé a querer en fe de
marido, no era mucho que se continuase aquel deseo por tan honesto
fin; si bien conozco que fue criarle con veneno, y que es tan
poderosa esta costumbre, que no pudiendo, como no puedo, olvidar
a vuesa merced, será fuerza ausentarme. Mañana partiré a la Corte
a mis pretensiones, que la que los dos tratábamos tuvo suspensas,
donde, o se me olvidará con su variedad este desatinado pensamiento,
o me dejará presto de cansar tan enojosa vida. »

Muchas lágrimas costó a Laura este papel, y pensando que
Lisardo no hiciera lo que a ella le pareció que no podía, descuidóse
de remediarlo. Aguardó el desesperado mozo dos días, al fin de los
cuales salió de Sevilla con Antandro y Fabio, pasando en postas por
la calle de Laura, que al ruido de la corneta y al rebato del alma,
dejando la labor, se puso a una reja, donde estuvo sin color hasta que
le perdió de vista.

Lisardo llegó a la Corte con tan poco ánimo, que desde cualquier
lugar que llegaban decía que se volviesen. Entretuvo los primeros
días en ver el palacio, sus consejos, sus pleiteantes, sus pretendientes,
el Prado, eterna procesión de coches; el río de juego de manos, que
le ven y no le ven, y ya está en una parte, ya en otra; los caballeros,
los señores, las damas, los trajes y la variedad de figuras que en
todas las partes de España, donde no caben, en ella hallan albergue.
Después comenzó con más conocimiento a continuar visitas, que le
pudieran haber divertido si duraran, por más que fueran la hermosura
y discreción de Laura; tales ganados crían los prados de la Corte;
pero cuando más desconfiado estaba y creia que todo el amor de
Laura había sido engaño, le dieron una carta suya, que decía así:

« De suerte, señor mío, que en este interés se fundaba vuestro
amor, y que me queríais tan mal, que sabiendo que vuestra ausencia
me había de matar os fuisteis, y cuando menos a la Corte; acertado
remedio, como quien sabía que estaba en ella el río del olvido,
donde dicen que se quedan tantos, que no vuelven a sus patrias
eternas. No os quiero decir las lágrimas que me costáis y de la
manera que me tenéis, pues los que me ven no me conocen, aunque
solos son los de mi casa, de donde no he salido. Yo me voy
acabando; si alguna de las muchas ocasiones de ese mar de
hermosuras, galas y entendimientos no os tiene asido por el alma,
que ya sé que sois tierno, venid antes que me costéis la vida; que ya
sin reparar en padres, en dueño, en honra, que todo es poco para
perder por vos. »

Realmente, señora Marcia, que cuando llego a esta carta y resolución de Laura, me falta aliento para proseguir lo que queda. ¡Oh imprudente mujer! ¡Oh mujer! Pero paréceme que me podrían decir lo que el ahorcado dijo en la escalera al que le ayudaba a morir, y sudaba mucho: « Pues, Padre, no sudo yo, ¿y suda vuestra paternidad? » Si a Laura no se le da nada del deshonor y peligro, ¿para qué se fatiga el que sólo tiene obligación de contar lo que pasó? Que, aunque parece novela, debe de ser historia.

Poco menos que loco partió Lisardo de Madrid el mismo día, comprando a sus criados bizarros vestidos de aquella calle milagrosa donde, sin tomar medida, visten a tantos, y para Laura dos joyas de a mil escudos, porque aunque sea la mujer más rica del mundo, agradece lo que le dan, y más después de ausencia. Las locuras del camino es imposible referirlas, siendo iguales a las dichas, y ellas a los deseos. Llegó a Sevilla, ¡caso extraño!, que al siguiente día con una larga visita cumplió Laura su palabra.

No hizo fin el amor, como suele en muchos, antes bien se fue aumentando con el trato, y el trato llegó a más libertad de lo que fuera para conservarse justo que aquello mismo que a los amantes les parece dicha, las más veces resulta en su perdición, y cuando menos en divertirse.

Había muerto en estos medios Rosela tía de Lisardo, viuda, y le fue fuerza traer a su casa a Leonarda, sobrina suya, moza de trece a catorce años, de linda cara y talle. A pocos días que estuvo en ella se enamoró Antandro tan desatinadamente de esta doncella, que vinieron a ser públicos sus atrevimientos a las demás criadas de Lisardo, y entre ellos hubo quien le avisó de lo que pasaba, con temor de alguna desgracia de las que suelen suceder en la primera ignorancia de las mujeres.

¡Por qué extraños modos camina la fortuna adversa a sus desdichas!

Sintió tanto Lisardo este atrevimiento de Antandro, que habiéndole reñido, y él respondió a su justo enojo con injusto atrevimiento, asió una alabarda que a la cabecera de la cama tenía, y volviendo el asta, le dio de palos, haciéndole una herida en la cabeza que le duró un mes de cama y otro de convalecencia.

Hicieron las paces, que nunca se hicieran, y volvió Lisardo a fiar su secreto con necia confianza de Antandro, que, habiéndole dejado un día escondido en casa de Laura, como otras veces solía estarlo, llamó a Marcelo, y en el pórtico de una iglesia le dijo que Lisardo le quitaba la honra, refiriéndole muy despacio lo que tan bien sabía desde el infeliz principio de estos amores, y que para que creyese que no le engañaba por algún interés o venganza de algún enemigo suyo, fuese a su casa, que le hallaría escondido en ella, y en un aposento junto al jardín, donde se guardaban las esteras del invierno y algunos instrumentos de cultivarle.

Marcelo en grande rato no pudo responderle, y habiendo prevenido la prudencia de que era dotado para ocasión tan fuerte, le dijo:

« Venid conmigo, que quiero que seáis el primero, como en el decírmelo, en ver que lo he vengado. »

Fue Antandro con Marcelo, y dejóle en el portal de su casa, entrando como dueño de ella solo al aposento referido, donde detrás de una estera halló a Lisardo, a quien dijo estas palabras:

—Mozo desatinado, aunque merecéis la muerte, no os la doy, porque no quiero creer que Laura me haya ofendido, sino que vuestros atrevimientos locos os han puesto aquí.

Lisardo, todo turbado, ayudó estas palabras con grandes seguridades y juramentos. Todos fingió Marcelo que los creía, y llevándole al jardín, abrió una puerta falsa que estaba entre unas hiedras y le puso en la calle, que apenas veía el turbado mozo, desde la cual se fue a su casa, combatido de tantos pensamientos y determinando tantas cosas, sin resolver ninguna, que de cansado se degó caer en la cama, deseando la muerte.

Salió Marcelo luego que despachó a Lisardo, y dijo a Antandro:

—Vos alguna ofensa habéis recibido de ese caballero, porque él no está donde decís ni en toda mi casa, y advertid que no os castigo como merecéis porque os considero tal, que la justicia pública lo hará por mí. ¿Quién os dijo que ese hombre entraba a ofenderme?

—Señor—respondió Antandro, turbado—, una esclava vuestra que se llama Fenisa.

—Pues id con Dios a vuestros negocios, que no sabéis la casa que difamáis ni la mujer que yo tengo, tan indigna de estos bajos pensamientos.

Con esto se despidió Antandro turbado, y no osó volver, en duda, en casa de Lisardo, antes bien procuró esconderse por algunos días.

Marcelo, que de la virtud de Laura tenía diferente información en su pensamiento dudoso entre la confianza y el dolor, afligido entre la opinión y la verdad, se tuvo valientemente con el desengaño hasta llegar ocasión para satisfacerse; a nadie que tenga honor se le ofrezca tan duro campo de batalla. « ¡Oh traidora Laura! —decía—. ¿Es posible que en tanta hermosura y perfección cupiese tan deshonesto vicio; que tus compuestas palabras y honesto rostro cubrían un alma de tan infame correspondencia? ¿Tú, Laura, traidora al cielo, a tus padres, a mí y a tus obligaciones? Mas ¿qué lo dudo, habiendo visto con mis ojos y tocado con mis manos al fiero cómplice de tu delito?

¿Cómo puedo yo dudar que aun este sagrado no dejó tu mala fortuna a mi confianza, ni la fiera condición de mi desdicha a las obligaciones de la honra con que nací? Yo lo he visto, Laura; no puedo dudar de lo que vi, ni hay por donde pueda mi amor escapar mi agravio, aunque con las injurias ajenas le aborrece el rostro. ¡Triste de mí, que más haré en solicitar tu muerte que tú en perder la vida, porque la he de quitar a lo que más estimo, en tanto grado, que padezco más en sola esta imaginación que tú en el dolor, con ser de todos el último! »

Así hablaba Marcelo entre sí mismo, forzando el rostro a la fingida alegría en la inmensa causa de tristeza. Dio en regalar a Laura, como quien se despedía de la víctima para el sacrificio de su honra; y para justificarle, en estando ella fu era, con llaves contrahechas hizo visita general de sus escritorios. Halló un retrato de Lisandro, algunos papeles, cintas, niñerías, que amor llama favores, y las dos joyas.

Los amantes que esto guardan donde hay peligro, ¿qué esperan, señora Marcia? Pues en llegando a papeles, ¿cuánto mal habéis hecho? ¿Quién no tiembla de escribir una carta? ¿Quién no la lee muchas veces antes de poner la firma? Dos cosas hacen los hombres de gran peligro sin considerarlas : escribir una carta y llevar a su casa un amigo, que de estas dos han surtido a la vida y a la honra desdichados efectos.

Ya sabía Laura todo el suceso, y como veía tan alegre a Marcelo, parecíale algunas veces que era de aquellos hombres que con benigna paciencia toleran los defectos de las mujeres propias; y otras, que tener tanta era para aguardar ocasión en que cogerlos juntos, de que, a su parecer de entrambos, supieron guardarse, aunque Marcelo no quería juzgar de los agravios por venir, que tenía ya dada la sentencia en los pasados.

Con estos pensamientos procuró muchas veces poner odio entre aquel esclavo y Laura, diciéndole a ella que deseaba deshacerse de él, porque le habían dicho que la aborrecía, y que mil veces había estado determinado de matarle, porque no había de tener él en su casa quien no la adorase y sirviese. Laura, en esta parte inocente, dio en tratar mal a Zulemo, de obra y de palabra, haciéndole castigar en público, de que Marcelo se holgaba notablemente; y esto llegó a extremo que ya la casa toda, y aun los vecinos, sabían que no había cosa que tanto aborreciese el esclavo como su ama.

Laura se daba a entender que debía de ser el dueño de la traición de Antandro, y con esto deseaba su muerte y la solicitaba por puntos, sin osar pedir a Marcelo, que le vendiese, porque fuera de casa no la deshonrase.

Cuando ya le pareció a Marcelo que este aborrecimiento era

bastante público, llamó a Zulemo, y encerrándose con él en un aposento secreto después de largos prólogos le incitó a matar a Laura y le dio en una bolsa trescientos escudos.

Zulemo, al fin bárbaro, airado contra su ama y favorecido de Marcelo, que asimismo le ofrecía un caballo para que huyese hasta la costa, donde esperase las galeotas de Argel, que la corrían de ordinario desde los Alfaques a Cartagena, en llegando la ocasión, entró con rostro feroz y ánimo determinado, y llegando al estrado de Laura, la dio tres puñaladas, de que cayó sobre las almohadas con tristes voces.

A las que daban las criadas entró Marcelo, que cuidadoso esperaba el suceso, y con la misma daga que le quitó de las manos le dio tantas, ayudado asimismo de Fabio y de los demás criados, que, sin que pudiese decir quién le había mandado matar a Laura, rindió el feroz espíritu.

Acudieron a este miserable caso los vecinos, los deudos, la justicia y sus padres, y entre las lágrimas de todos eran las de Marcelo más lastimosas y, por ventura más verdaderas.

El esclavo fue entregado a los muchachos, brazo poderoso e inexorable en tales ocasiones, que, llevándole al campo, después de arrastrado por muchas calles, le cubrieron de piedras.

—¡Ay —decía el desdichado viejo padre de Laura, teniéndola en los brazos—, hija mía y solo consuelo de mi vejez! ¿Quién pensara que os esperaba tan triste fin, y que vuestra hermosura se viera manchada de vuestra misma sangre por las manos de un bárbaro perro de la tierra más infeliz del mundo? ¡Oh muerte! ¿Para qué reservaste mi vida en tanta edad, o por qué quieres matar tan débil sujeto con veneno tan poderoso? ¡Ay, quién no hubiera vivido para no morir con el cuchillo de su misma sangre!

Lisardo, que tuvo presto las nuevas de esta desventura, desatinado, vino en casa de Laura, y mezclado entre la confusión, vio tendida su hermosura en aquel estrado, como suele a la tarde, vencida del ardor del sol, la fresca rosa. Allí todos tenían licencia para lágrimas; las suyas eran de suerte que conocía bien Marcelo en qué parte le dolía aquel sangriento accidente de su fortuna.

Despejóse la casa y retirado Lisardo a la suya, no salió en cuatro meses de ella, ni le vieron hablar con nadie, fuera de su familia; todo eran suspiros, todo eran lágrimas, de las cuales parecía que vivía más que del común sustento.

Entre tanto, Marcelo despachó con un veneno a Fenisa, sin que de ninguna persona fuese entendida la causa de su violenta muerte; y tuvo tanta solicitud en buscar a Antandro, que habiendo sabido dónde posaba, le aguardó una noche, y llamando a su puerta, le metió por las espaldas dos balas de una pistola.

57

Sólo faltaba de su castigo al cumplimiento de su venganza el mísero Lisardo, cuya tristeza le tenía tan recogido, que era imposible satisfacerla. Bien pudiera contentarse la honra de este caballero con tres vidas, y si era mancha por las leyes del mundo, ¿qué más bien lavada que con tanta sangre?

Pues, señora Marcia, aunque las leyes por el justo dolor permiten esta licencia a !os maridos, no es ejemplo que nadie debe imitar, aunque aquí se escriba para que lo sea a las mujeres que con tan desordenado apetito aventuran la vida y la honra a tan breve deleite, en grave ofensa de Dios, de sus padres, de sus esposos y de su fama. Y he sido de parecer siempre que no se lava bien la mancha de la honra del agraviado con la sangre del que la ofendió, porque lo que fue no puede dejar de ser, y es desatino creer que se quita, porque se mata, al ofensor, la ofensa del ofendido; lo que hay en esto es que el agraviado se queda con su agravio y el otro muerto, satisfaciendo los deseos de la venganza, pero no las calidades de la honra, que para ser perfecta no ha de ser ofendida. ¿Quién duda que está ya la objeción a este argumento dando voces?; pues aunque tácita, respondo que no se ha de sufrir ni castigar. Pues ¿qué medio se ha de tener? El que un hombre tiene cuando le ha sucedido otro cualquier género de desdicha: perder la patria, vivir fuera de ella, donde no le conozcan, y ofrecer a Dios aquella pena acordándose que le pudiera haber sucedido lo mismo si en alguno de los agravios que ha hecho a otros le hubieran castigado; que querer que los que agravió le sufran a él, y él no sufrir a nadie, no está puesto en razón; digo sufrir, dejar de matar violentamente, pues por sólo quitarle a él la honra, que es una vanidad del mundo, quiere él quitarlos a Dios si se les pierde el alma.

Finalmente, pasaron dos años de este suceso, al cabo de los cuales Lisardo, consolado, que el tiempo puede mucho, salía, en los calores de un ardiente verano, a bañarse al río. Súpolo Marcelo, que siempre le seguía, y desnudándose una noche, fue nadando hacia donde él estaba, y le asió tan fuertemente, que con la turbación y el agua perdió el sentido y quedó ahogado, donde con gran dolor de toda la ciudad le descubrió la mañana en las riberas del río.

Ésta fue la más prudente venganza, si alguna puede tener este nombre, no escrita, como he dicho, para ejemplo de los agraviados, sino para escarmiento de los que agravian, y porque se vea cuán verdadero salió el adagio de que los ofendidos escriben en mármol y en agua los que ofenden, pues Marcelo tenía en el corazón la ofensa, mármol en dureza, dos largos años, y Lisardo tan escrita en el agua, que murió en ella.

GUZMÁN EL BRAVO

NOVELA TERCERA
A LA SEÑORA MARCIA LEONARDA

Si vuesa merced desea que yo sea su novelador, ya que no puedo ser su festejante, será necesario, y aun preciso, que me favorezca y que me aliente el agradecimiento. Cicerón hace una distinción de la liberalidad en graciosa y premiada; benigna la llama, siendo graciosa, y si ha tenido premio, conducida. No querría caer en este defecto; pero como yo no tengo de hacer cohecho, así no querría perder derecho; que no es razón que vuesa merced me pague como Eneas a Dido, remitiéndome a los dioses, cuando dijo:

Si el cielo a los piadosos galardona;
si en ellos hay justicia, si conocen
los ánimos, te den condigno premio.

Fue opinión del filósofo que naturalmente se deseaba el premio, y dijo el romano satírico:

Nadie, si el premio le quitas,
abrazará la virtud.

Y aunque la gracia siga al que la da y no al que la recibe, creo que hemos de ser vuesa merced y yo como el caballero y el villano que refiere Faerno, autor que vuesa merced no habrá oído decir, pero gran ilustrador de las fábulas de Esopo. Dice, pues, que llevando una liebre un rústico apiolada, así llama el castellano a aquella trabazón que hacen los pies asidos, después de muerta, le topó un caballero, que acaso por su gusto había salido al campo en un gentil caballo, y que preguntando al labrador si la vendía, le dijo que sí, y pidiéndole que se la mostrase, le preguntó al mismo tiempo cuánto quería por ella. El villano se la puso en las manos, viendo que quería tomarla a peso, y le dijo el precio; pero apenas la tomó el caballero en ellas, cuando, poniendo las espuelas al caballo, se la quitó de los ojos. El labrador burlado, haciendo de la necesidad virtud y del agravio amistad, quedó diciendo: « Que le digo, señor, yo se la doy dada, cómasela de balde, cómala alegremente, y acuérdese que se la he dado de mi voluntad, como a mi buen amigo. »

Esto se ha venido aquí de suerte que no era menester buscarle las aplicaciones de don Diego Rosel de Fuenllana, un caballero que se llamaba alférez de las partes de España, y que imprimió un libro en Nápoles, *De aplicaciones*, que no debería estar sin él ningún hipocondríaco; pues claro está que, fiando de vuestra merced estas novelas, me las corre. Y así, me parece que sería bien comenzar esta diciendo por la pasada: « Llévesela vuesa merced, yo se la doy de mi voluntad »; si bien del villano a mí hay esta diferencia: que le engañaron a él sin entenderlo, y yo me dejo engañar porque lo entiendo.

En una de las ciudades de España, que no importa a la fábula su nombre, estudió desde sus tiernos años don Félix, de la casa ilustrísima de Guzmán, y que en ninguna de sus acciones degeneró jamás de su limpia sangre. Hay competencia entre los escritores de España sobre este apellido, que unos quieren que venga de Alemania y otros que sea de los godos, procediendo de este nombre Gondemaro. Por la una parte hacen los armiños antiguos, y por la otra, las calderas azules en campo de oro[19]; como quiera que sea, ellos son grandes de tiempo inmemorial, y en su familia ha habido insignes y valerosos hombres, como lo fueron don Pedro Ruiz de Guzmán, año de 1100; don Alfonso Pérez de Guzmán, principio de la casa de Medina Sidonia, a quien su sepulcro llama *bienaventurado*, y con otros muchos, dignos de eterna memoria, don Pedro de Guzmán, hijo del duque don Juan I, conde de Olivares, que en servicio del emperador Carlos hizo valerosas hazañas, a los cuales se puede, sin ofensa, poner al lado por su valor ya que no por su gran estado.

El referido don Félix estudiaba, como digo, y perdone vuesa merced la digresión, que deba mucho a esta ilustrísima casa, en la ciudad por donde tuvo principio esta novela. Las partes de este caballero eran tales, que así los estudiantes naturales como los extranjeros le amaban con tanto afecto, que perdieran por él la vida, y no sentían el estar fuera de sus patrias. Hizo algunos actos con muestras de tan feliz ingenio, que no parecía de día el que por la noche se hacía temer por su nunca visto esfuerzo, juzgándole comúnmente por dos hombres, y no sabiendo cómo hallaba lugar la blandura mercurial del entendimiento con la fiereza marcial de la osadía. El pretendiente a quien defendía, segura tenía la cátedra, y aunque el rotular[20] de noche le costó algunas pendencias, de todas salió con victoria, aunque el exceso fuese exorbitante, que cuando al natural valor ayuda la buena gracia de la fortuna, no hay enemigo

[19] ...en campo de oro: *se está refiriendo Lope a las imágenes que aparecen en los escudos heráldicos de las dos familias.*

[20] rotular: *rotular con almagre en las paredes de las calles frases elogiosas o difamatorias dedicadas a catedráticos o personajes conocidos de la Universidad.*

60

que ofenda ni resistencia que baste. Y en esta parte confieso que tengo a los caracteres de almagre por blasones de honra; pero en llegando a libelos infamatorios, tengo por cobarde al dueño y por mujer la mano. Dio fin a sus estudios, o por lo menos se le dio su inclinación, que no le guiaba por aquel camino; esto sin inducir fuerzas de estrellas, que Dios no crió al hombre por ellas, sino a ellas por el hombre, puesto que no salió don Félix sin ocasión de su patria.

Habíale llevado algunas noches en su defensa Leonelo, un caballero mozo, amigo suyo, a quien una dama de razonable calidad, pero de poca estimación, había dado lugar en su casa; y como ella viniese a entender que quedaba don Félix en la calle por tantas horas, y tenía inclinación a su fama y lástima a su desvelo, fuera de que, por la mayor parte, las mujeres de aquel porte codician más lo que está en la calle que lo que queda en casa, rogó a Leonelo no permitiese que con tanta descomodidad pasase un caballero el tiempo que él se entretenía, pues, fuera de ser término descortés, más daño haría a su opinión un hombre toda la noche en la calle que dos dentro de casa.

Lección es esta ya tan recibida, que no se ve un hombre en puerta ni ventana por milagro, como se veían en otros tiempos, y creo que debe de ser lo más seguro, si no es lo más honesto, porque las mujeres suelen perder más por un caballero a la puerta que por el dueño en la sala, y dice más un lacayo dormido que un vecino despierto; que los hay tales, que se desvelarán por ver lo que saben, como si no lo supiesen.

Hablaba un caballero de noche con una dama de las que no pueden abrir, aunque lo desean, y dio una vecina enfrente en perseguirlos de suerte con los ojos, que ni ellos hablaban ni ella dormía. Valíase el caballero de traer una ballesta de bodoques[21], y desde una esquina, lo mejor que podía, la tiraba a tiento; porque con la oscuridad de la noche no había más coral que el deseo de acertarla. Viendo la vecina curiosa el peligro en que estaba de que le quebrase un ojo, y no pudiendo contenerse de no ver si hablaban y escuchar lo que decían, tomaba un caldero, y encajándosele en la cabeza, la sacaba por la ventana de suerte que, dando los bodoques en él, hacían ruido, con que despertaba la vecindad y era fuerza que se fuesen.

Consiguió Felicia fácilmente que don Félix la visitase, porque Leonelo sentía lo que por él pasaba y las obligaciones en que le ponía. Subió a verla en el hábito que le halló el estar de guarda, una cuera de ante sobre un jubón de tela, calzones y ferreruelo de paño, medias y ligas de nácar, sombrero de falda grande, sin tracelín ni

[21] bodoques: *bolas de barro seco que se usaban como proyéctiles.*

toquilla, en la pretina el broquel y en las manos la espada. Era don Félix moreno; tenía más de agradable que de hermoso; cabello y bozo negros; gentil disposición, adornada de notable talle; modestia y cortesía, no a la traza de la lindeza de ahora, con alzacuello de tela, que por disfraz llaman gola, horrible traje de hombres españoles. No hubo hablado un rato don Félix con Felicia, cuando ella se prometió en su imaginación que sería mujer dichosa si le conquistaba la voluntad, y de noche en noche se le fue declarando con los ojos, a hurto de los de Leonelo, que ya sentía la familiaridad con que se afratelaban. Esta voz, señora Marcia, es italiana; no se altere vuesa merced, que hay quien diga que están bien en nuestra lengua cuantas peregrinidades tiene el universo, de suerte que aunque venga huyendo una oración bárbara de la griega, latina, francesa o garamanta, se puede acoger a nuestro idioma, que se ha hecho casa de embajador; valiéndose de que no se ha de hablar común porque es vulgar bajeza. Después de muchas determinaciones y dudas, Felicia escribió así:

« Parece que se desentiende vuesa merced de los principios, que creí había merecido que me correspondiese, pues cada día me va mostrando menos voluntad; debe de ser que con más trato ha conocido los defectos de mi persona y entendimiento. Con todo eso, le suplico que, como caballero, favorezca a una mujer a quien ha dado ocasión para este desatino, si es bien que se dé este nombre a los efectos de tal causa. »

Admiróse don Félix del papel de Felicia, porque aunque algunas veces conocía que sus favores excedían del justo límite de una voluntad doméstica, no creyó que llegaran jamás a determinación tan loca, y respondió así:

« La misma obligación de caballero me ha enseñado qué respeto se debe a los amigos, y en esta parte no podré usar de más cortesía con mi voluntad que la que pide la razón. Con esto, será fuerza retirarme poco a poco de dar más ocasión a vuesa merced, porque ni el amigo lo entienda, ni yo deje de servirle en acompañarle si excuso algún peligro. »

Sintió neciamente Felicia esta repulsa, no sucediéndole lo que temía la vieja Dipsas, cuando en la elegía octava de los Amores, de Ovidio, enseñaba la cortesana el arte de portarse con los galanes:

No le consientas que padezca mucho,

porque amor repelido muchas veces
viene a entibiarse.

Ella se encendió más con este desdén súbito, y pareciéndole que
era el primer combate, segura de lo que puede la porfía, escribió así:

« En el siglo de los caballeros andantes se debía, señor don
Félix, de usar esta limpieza de trato; que en este el más falso es más
discreto y el más desleal más gustoso. Deje vuesa merced esa
fidelidad para Amadís de Gaula, que su amigo no lo ha de saber para
agradecérselo, ni yo el tenerme en poco. Vuesa merced está
obligado en razón natural a ser mío, porque me ha quitado el gusto
de Leonelo, de quien no le tendré en mi vida, y no es razón que los
pierda a entrambos. »

Pesóle a don Félix esta locura tan declarada, y aunque estuvo
determinado a no responder, porque no volviese a escribirle, le
escribió así:

« Siempre se usó en el mundo, señora Felicia, el término que en
todas las ocasiones los caballeros se deben a sí mismos; si la
falsedad es discreción y la deslealtad gusto, serán hijos bastardos de
la nobleza; que quien, como yo, la heredó de sus padres, no sabe más
leyes en el mundo que las de la honra; y quien vende a su amigo, no
la tiene. »

De estas en otras epístolas , vino a desengañarse el antojo de esta
necísima señora, porque solo a los hombres es permitida, amando, la
porfía; que las mujeres no han de imitarlos en semejantes acciones, ni
obligarlos con la blandura de sus palabras a cometer bajezas. Pero es
notable la condición de amor, que al contrario de todas las cosas, que
se corrompen para volver a engendrarse, pocas veces deja amor de dar
el último paso sin que el primero que le sigue no sea el odio. Comenzó
Felicia a aborrecer a don Félix, y como ya no le miraba ni hablaba
como solía, vino Leonelo en sos pecha de que por alguna novedad se
guardaban de él. Persuadió a Felicia, con los extremos de los celos, a
que le dijese la causa, y ella, aprovechando la ocasión, le dio a entender
que don Félix la solicitaba, y en señándole los papeles que le había
escrito los rompió luego. Bastóle conocer la letra al engañado mozo,
y quejándose de la deslealtad de su amigo, como si fuera cosa no
sucedida, siendo tan usada, que ya los hombres, si son discretos, solo
se han de guardar de sus amigos, intentó satisfacerse, deseándolo
Felicia para perderlos a entrambos .

Había venido a esta ciudad un caballero de otro reino, llamado Fabricio, con quien Leonelo comenzó nueva amistad, y se fue poco a poco desviando de la que tenía con don Félix, no sin conocimiento suyo, porque el semblante dice luego lo que pasa en el corazón, que, con ser tan amigos, nunca le guardó secreto; ejemplo que deberían tomar los hombres, que pues la cara no le guarda a su mismo principio, no hay que tener confianza de lo que está tan fuera del corazón, que por instantes se muda. Con esto, ya Leonelo decía mal de don Félix. ¡Dios nos libre de enemistades de amigos! Y como hay tantos que tienen por amistad dar pesadumbres, arrieros de palabras, que las trajinan de un lugar a otro, llegó a noticia de don Félix, que le escribió esta carta. Y si le parece a vuesa merced que son muchas para novela, podrá con facilidad descartar las que fuere servida:

« Después que vuesa merced se fue secando de voluntad conmigo, entré en sospechas de que sería como causa; y como no la he dado a tan áspero término, dime por olvidado de vuesa merced, en que estuve engañado, pues me dicen que se acuerda de mí dondequiera que se halla con menos amistad que le merezco; lo que le suplico sea servido de excusar, porque de otra suerte haré cargo a vuesa merced de tan grande ingratitud. »

Leonelo, que estaba dispuesto, como la leña seca, a recibir la llama, respondióle:

« Cuanto yo he hecho nace de justa causa, pues no lo puede ser mayor entre amigos la deslealtad; haré lo que manda, por no acordarme de quien ha pagado mi amor con poner el suyo donde sabe. »

Admirado, y justamente, don Félix disculpaba a Leonelo, conociendo que Felicia le había engañado, treta ordinarísima en las mujeres; y no hallando remedio para que esto no quedase sin la satisfacción que merecía, se resolvió a que tratase un amigo de los dos a dársela de su parte, a quien Leonelo respondió:

Decid a don Félix que yo he visto cartas suyas, y que bien sabe que conozco su letra.

Don Félix, dando lugar a la ira, contra su natural modestia, partió en casa de Felicia; e iba tan ciego, que, con haber topado en la misma calle a Leonelo, no le vio, y se entró furioso por la puerta hasta el estrado[22] de Felicia, que se levantó con notable alegría a recibirle en

[22] estrado: *habitación privada de una mujer, donde recibía a las visitas de más confianza.*

64

los brazos. Leonelo le había seguido y puesto detrás de un paño.

No vengo a eso dijo entonces don Félix con airado rostro.

Pues ¿a qué, señor mío? respondió Felicia; y sin dejarle hablar, le tomaba las manos y le hacía amorosas caricias y regalos.

Desatinado Leonelo de lo que veía, y no entendiendo el ánimo de don Félix, entró en la sala metiendo mano a la espada y diciendo: Así se ha de castigar a los traidores.

Volvióse de presto don Félix, y como hay ocasiones que dar satisfacciones de la verdad parece cobardía, sacó la suya, y, habiéndose afirmado, le dio una estocada por los pechos, de que cayó muerto.

Las voces fueron las ordinarias; la justicia, la que siempre; las diligencias, las que suelen. Felicia halló sagrado[23].

Déme licencia vuesa merced para dejar este muerto e irme con el famoso Guzmán, que ya comienza a ser bravo por esos mundos adelante.

Había determinado Selim, gran turco en este tiempo, con sus bajaes, que en aquella edad en toda Europa concurrieron valientes hombres, así cristianos como bárbaros, tomar la isla de Chipre. Fue Mostafá capitán general de su armada, que a fuerza de armas, con estupendo estrago de los que la defendían, la tomó, habiendo muerto a Nicolao Dandulo, Julio Romano y Bernardino. Desde allí fue Mostafá a Famagusta, y Piali bajá se volvió con la armada a Constantinopla. Después de esto había salido Ochali de Negroponte, y llevado mil cautivos de Corfú, Gandía y Petimo, con no menor estrago del Zante y la Cefalonia. Desde allí sitió a Cataro con un ejército de turcos, que vino a socorrer por tierra. Defendióla valerosamente Mateo Membo, veneciano, que era de su república. La cristiandad, alborotada toda con la braveza de Selim, cuyas victorias no refiero, que no son de mi propósito, determinó oponerse al enemigo común, honrándole en juntas sus fuerzas contra las de este bárbaro, el sacro Pastor de Roma, Padre universal de la Iglesia, Pío V, de felicísima memoria, el rey de las Españas Felipe II y el prudente Senado de Venecia. Fue general de esta santa liga aquel mancebo ilustrísimo, honra y gloria de nuestra nación, el señor don Juan de Austria, a quien ayudó el valor y envidió la fortuna. Llevó consigo este heroico príncipe a esta empresa a nuestro don Félix, por orden de don Pedro de Guzmán, mayordomo de Felipe II y padre del gran don Enrique, embajador que fue en Roma y virrey en Sicilia y Nápoles, condes de Olivares, entrambos, que es tanto lo que les debo, que aun en esta novela me alegro de nombrarlos, pues fueron abuelo y padre

[23] halló sagrado: halló refugio, consiguió escaparse.

65

del que hoy con tanta felicidad honra y premia las armas y las letras:

Nec nos ambitio, nec nos amor urget habendi.

Ya vuestra merced tendrá perdonado el verso por lo arriba contenido, y sabrá que nuestro don Félix era soldado en la batalla naval[24] tan escrita de tantos historiadores, tan cantada de poetas, que ni a mí me está bien referirla, ni a vuesa merced escucharla; y aunque para esta ocasión pudiera remitirla al divino Herrera, que lo fue tanto en la prosa como en el verso, me parece que es más acertado que la busque en uno de los tomos de mis comedias, donde la entenderá con menos cuidado.

En esta ocasión, como dicen que ha de decir nuestra lengua, hizo con una espada y rodela tan notables cosas don Félix, que allí se le confirmó el nombre de Bravo, y rindiendo una galera, sacó veintidós heridas de flechas y cuchilladas, que a quien le veía ponía espanto, porque en las flechas parecía erizo y en las cuchilladas toro; y no de otra suerte que del coso le suelen sacar rendido, aunque no muerto, le llevaron a curar, milagrosamente tuvo vida.

Acuérdome en esta ocasión de aquella pintura famosa que hace Lucano de Cosío Esceva, de quien escribe el emperador Julio César, en el libro tercero de sus Guerras civiles, que sacó en aquella memorable batalla el escudo pasado por doscientas treinta partes, y afirma haberle visto, persona había de ser de crédito, pues fue señor de Roma, que lo era entonces del mundo, mas no diremos por don Félix lo que por Escévola Lucano:

Dichoso tú por tan heroico nombre,
si huyera de tus armas el teutonio,
el ibero o el cántabro;

pues no empleó las armas en las guerras civiles, sino contra enemigo de la Iglesia y de la patria, ensoberbecidos con tantas victorias, tan sangrientos sacos y tan injustos robos sobre las aguas pacíficas del Archipiélago.

Pusieron al serenísimo Don Juan de Austria dignas estatuas por este vencimiento, que desde entonces ha tenido a sus pies la indignación del Asia, una de las cuales vive en Sicilia, si bien mayor es la inmortalidad de las historias, donde no acabará jamás la memoria de su nombre; que los bronces y los mármoles están sujetos al tiempo, pero no alcanza su jurisdicción a la virtud magnánima.

[24] batalla naval: *la batalla de Lepanto.*

Convaleció don Félix, y con el nombre de Bravo vivió en Nápoles algunos días con justa estimación de aquellos príncipes, hasta que pasó a Flandes, donde con no menor nombre continuó sus hazañas y su fama por algún tiempo. En él se le ofrecieron algunos desafíos con diferentes armas, de que salió laureado con general aplauso de muchas naciones, que a tales espectáculos concurrían, así del ejército como de otras partes. Allí, a la traza de aquel ilustre mancebo Chaves de Villalba, que venció en Roma en público desafío a aquel tudesco de las grandes fuerzas, en defensa de la antelación a otros reyes de Fernando el Católico, le tuvo don Félix de Guzmán con un capitán flamenco, que le pidió que señalase las armas, y él hizo fabricar unas porras de cuatro arrobas, que apenas pudo levantar del suelo el contrario, y él esgrimió a una y otra parte, con espantosa admiración del ejército.

Bien sabe vuesa merced que siempre le suplico que a donde le pareciese que excedo de lo justo quite y ponga lo que fuere servida. Pesadas son estas armas, pero por eso no los ha de llevar el lector a cuestas; y esta no es historia, sino una cierta mezcla de cosas que pudieron ser, aunque a mí me certificaron que eran muy ciertas, y, como dijo el poeta antiguo castellano:

Las cosas de admiración
no las cuentes,
porque no saben las gentes
cómo son.

Cierto que tiemblo de decirlas, pero la fuerza de este caballero fue tan grande, que facilita el crédito. Todos conocimos a don Jerónimo de Ayanza, Hércules español, de quien hay una alabarda en la recámara del marqués de Priego, en Montilla, cuya punta hizo lechuguillas, y lo dice el soneto a su muerte:

Luchar con él es vana confianza,
que hará de tu guadaña lechuguillas...

Y hoy tenemos con diecinueve años a Soto, que ha tirado con cuatro arrobas de peso, y detiene un carro, y por quien dijo una dama:

¿Qué hará cuando mayor?

Pasando a Valencia a los casamientos de Felipe III, que Dios tiene, vi un labrador que llevó consigo a Nápoles el conde de

Lemos, que, habiendo levantado entre muchos hombres una columna que de unas ruinas de unos arcos estaba en tierra, se la ató con una soga a las espaldas y la levantó tres dedos, agobiando el cuerpo. El temor que me da el mentir, aunque no sea cosa de importancia, me ha hecho traer estos ejemplos. Vuesa merced tenga en opinión a la Naturaleza, que sabe hacer de estas cosas para ostentación de su poder, aunque pocas veces. ¿Y para quién no es mayor milagro una mujer hermosa que un hombre fuerte?, pues el que más lo es, podrá vencer un hombre, y la hermosura rinde cuantos mira. Un ingenio grande comprende los secretos de la Naturaleza, ayuda la vida en peligro por la enfermedad del sujeto, penetra las cosas altas, escribe el mundo, da términos a las ciencas y leyes a las repúblicas, que no lo harán todas las fuerzas de los hombres. Y así pintó Luciano retórico aquella prosopografía de Hércules con el arco en la mano siniestra, la clava en la derecha, y en la boca aquellas cuerdas con que llevaba aprisionados innumerables hombres, para dar a entender que no con las fuerzas ni las armas los había vencido, sino con la elocuencia, diciendo:

Den ventajas las armas a la toga,
porque atrae los duros corazones
la elocuencia a su voto.

Bien descuidado estuvo algunos años en Flandes Guzmán el Bravo, cuando ya cerca de partirse le encomendó un soldado amigo un paje de estos que llaman regachos, con su capote de cintas, sombrero grande, vuelta la copa a la falda, con medalla y plumas, no mal hablado, y ligero de pies y lengua para cualquiera cosa. Fuese a Alemania con unas cartas para el duque de Cleves, que estaba junto a Dura, lugar famoso por la expurgación de Carlos V, con cuarenta piezas de campaña, que hay fama también por las desdichas. No pudo este soldado llevar el paje que digo, que se llamaba Mendoza, respecto de ser el camino largo y áspero, y haber de atravesar aquella selva que está entre el Rin y la Ruta, llena de fragosos montes, en cuya caza el duque se entretenía por la diversidad de animales; que la abundancia de sus frutos y amenidad de sus arroyos cría hasta caballos salvajes. No mostró tristeza el paje de perder su antiguo dueño, o porque le esperaba volver a ver con brevedad, o porque holgó de servir a un hombre de tanta fama, que debía de tener el ánimo belicoso. Mas habiéndose ofrecido ocasión a don Félix de ir a Malta con deseo de un hábito de aquella religión, a que se había inclinado, quiso también dejar a Mendoza, pero no fue posible, y llorando le pidió que no le desamparase, porque mientras estaba lejos de su patria, no le parecía que, sirviendo español, la había perdido. Don Félix, que le estaba aficionado porque, entre otras gracias, cantaba y tañía con igual destreza, le llevó consigo, y habiéndose embarcado con otros pasajeros en un navío, tomaron la derrota de Malta por el mar Líbico; pero, sobreviniéndoles una tempestad furiosa, anduvieron perdidos algunos días, sin poder tomar el peñón de Vélez, donde la soberbia de las ondas los arrojaba. Era ya lugar de cristianos, que don García de Toledo se le había quitado a los moros de la Gomera con una armada, de que le hizo capitán Felipe II, para reprimir la furia de los marítimos corsarios; pero, por diligencias de los pilotos y favor de los pasajeros, que todos se ayudaban, como lo tienen mandado las leyes del peligro, no fue posible tomarle; tanta era la furia con que el mar surtía de aquellas peñas, convirtiendo las ondas en espuma, y desviándola de que pudiese surgir al contrario del peñasco de Polifemo, que le acercaba a tierra. Aquella noche pensaron que se fuera a pique, porque llegó a su punto la soberbia del mar y la borrasca de agua, truenos y rayos, de suerte que parecía que entre dos mares se anegaba, aunque le sucedió lo que dicen de los dos venenos, que se impide el uno al otro. Finalmente, al alba reconocieron a un tiempo el cielo y la tierra, dando en la costa de Berbería, donde con gran peligro salieron con las vidas, y, cautivos de algunos moros, los llevaron a Túnez. Presto hallaron dueño los dos esclavos, rogando nuestro Guzmán a Mendoza que no dijese su nombre, porque es sin duda que, a saberle, o no saliera jamás de cautiverio, o fuera tarde.

Tuvieron dicha de que a entrambos los compró un judío que sabía la lengua de Castilla, como quien en ella tenía deudos.

No trataba mal este hombre, cuyo apellido era David, a los nuevos esclavos, de quien pensaba sacar mayor ganancia e interés por que los había comprado; que en su traza le parecían gente que, escribiendo a sus tierras, vendrían por ellos. Don Félix se guardaba bien de esta diligencia, porque sabía que siendo conocido sería grande el rescate, que aun de sus fuerzas no osaba hacer demostración, porque por ellas no fuese, o estimado en más precio, o detenido.

Tenía David una hija, hermosa como el sol; hispanismo cruel, pero de los de la primera clase en el vocabulario del novelar; porque si una mujer fuera como el sol, ¿quién habría de mirarla? Las comparaciones ya sabrá vuesa merced que no han de ser tan uniformes que parezcan identidades, y así verá vuesa merced por instantes « blanca como la nieve », « hidalgo como el rey », « más sabio que Salomón » y « más poeta que Homero ». Ella era hermosa, últimamente, y no mal entendida, llamábase Susana, pero no lo

parecía en la castidad como en el nombre, porque puso los ojos....
aquí claro está que vuesa merced dice: en don Félix; pues engañóse,
que era más lindo Mendocica, y habiéndole oído cantar aunque
entre dientes, en un huertecillo de su casa, le había llevado el alma,
de suerte que la señora ya era esclava de su cautivo.

No le pesaba de esto a don Félix, porque con este nuevo amor
los regalaba y en las ausencias que David hacía a algunas ferias o
a Trípoli o Bizerta con sus mercaderías y cambios, eran ellos los
señores y dueños. Ibase Susana a un jardín con sus esclavos, que no
se recataba de don Félix, porque ellos le habían dicho en secreto que
eran hermanos, y, habiéndole buscado un instrumento, rogó a
Mendoza que cantase, y él comenzó así:

Vengada la hermosa Filis
de los agravios de Fabio,
a verle viene a la aldea,
en fermo de desengaños.
A ruego de los pastores
baja de su monte al prado,
que como se ve querida
da a entender que la forzaron.
Eso mismo que desea,
quiere que la estén rogando,
que sube al gusto los precios
amor conforme a los años.
Huyóse Fabio celoso;
pensó Fabio hallar sagrado,
pero hay estados de amor
que está en el remedio el daño.
¡Desdichado del que llega
a tiempo tan desdichado,
que le matan los remedios
con que muchos quedan sanos!
En fin, a Fabio rendido
viene a ver su dueño ingrato,
alegre, porque es amor
en las venganzas villano.
No va sin galas a verle,
aunque pudiera excusarlo,
que la mayor hermosura
no deja en casa el cuidado.
Lleva de palmilla verde
saya y sayuelo bizarro,

con pasamanos de plata
si en ellos pone las manos.
No lleva cosa en el cuello
que Fabio le hubiese dado,
porque no entienda que viven
memorias de sus regalos.
Joyas lleva que él no ha visto,
no porque le ha hecho agravio,
mas porque sepan ausencias
que no está seguro el campo.
Con una cinta de cifras
lleva el cabello apretado,
que quien gusta de dar celos
se vale de mil engaños.
De rebociño le sirve,
para mayor desenfado,
el capote de los ojos,
bordado de negros rayos.
En argentadas chinelas
listones lleva, admirados
de que quepan tantos bríos
en tan pequeños espacios.
Llegó Filis a la aldea,
entró en su casa de Fabio;
los pastores la reciben,
como al sol los montes altos.
Dando perlas con la risa,
extiende a todos los brazos,
que gana mares de amor
y da perlas de barato.
Apenas Fabio la mira,
cuando a un tiempo se bañaron,
el alma en pura alegría,
los ojos en tierno llanto.
No hablaron los dos tan presto,
aunque los ojos hablaron,
Filis porque no quería,
Fabio porque quiere tanto.
Cuando en esta suspensión
los dos se encuentran mirando,
a un tiempo bajan los ojos,
como que envidan de falso.
Habló Filis y tuvieron

alma de coral sus labios,
que ver humilde al rendido
hace piadoso al vengado.
A Fabio culpa le pone,
que es error hacer, amando,
con la lengua valentías,
si el alma no tiene manos.
Él responde y se disculpa;
que viendo cerca los brazos,
pide perdón ofendido
quien ama desengañado.

En extremo estaba contenta la nueva Susana del donaire con que
Mendoza había cantado este romance, y preguntado a don Félix si era
aficionado a la música, habló por él Mendoza, y le dijo que también
le ayudaba a cantar algunas veces. Deseó Susana oírlos, y ellos
cantaron este diálogo, comenzando el uno y respondiendo el otro:

—Dame, Pascual, a entender
qué es amor, que quiero amar.
—Pienso que es todo pensar,
pues nunca me dio placer.
—Extraña definición
es la que de amor me das.
—De la causa no sé más;
estos los efectos son.
—El principio quiero ver,
Pascual, del arte de amar.
—Pienso que acaba en pesar,
aunque comienza en placer.
—Pensé escucharte, Pascual,
mayores bienes de amor.
—Nunca su bien fue mayor,
siempre fue mayor su mal.
—Dime lo que he de perder
y lo que puedo ganar.
—Ganarás mucho pesar
por el más leve placer.
—Silvia me mira con arte,
porque luego se retira.
—No está el daño en que te mira,
sino en que no ha de mirarte.
—Yo sé que hay gloria en el ver,

si hay pena en el desear.
—No quiero tanto pesar
por tan pequeño placer.

El concierto de dos voces, mayormente alternándose, es el más suave de este género de música; y así le pareció a Susana, que todas las noches de la ausencia de su padre pasaba con este entretenimiento. Entraba acaso Mendoza en su aposento un día que ella aún no se había levantado, tenía los cabellos copiosos, largos y crespos, esparcidos por los hombros, no muy negros en color, aunque lo eran los ojos, con cejas y pestañas tan pobladas y hermosas, que, como eran soles, parecían sombras. No usaba afeites Susana, y así, había amanecido con los que le había dado el sueño: un nácar encendido, que se iba disminuyendo con gracia, vencido de la nieve del rostro, compitiendo la mitad de las mejillas con los claveles de los labios, en cuya risa parece que se descubría sobre una cinta carmesí un apretador de perlas. Tenía una almilla de tabí pajizo, con trencillas de oro, sobre pestañas negras, tan ancha de las mangas, que al levantar los brazos descubría con algún artificio gran parte de ellos. Quiso retirarse Mendoza, corrido del atrevimiento; pero, llamándole Susana, volvió con medrosos pasos hasta la puerta.

—Entra —dijo ella— y di lo que quieres, que ojalá fuera yo..., pero tú no me quieres a mí.

—Señora —replicó Mendoza—, ¿a quién debo yo querer como a ti? Porque, fuera de ser yo tu esclavo y de tratarme como si tú lo fueras mía, por ti misma mereces que todos cuantos tuvieran entendimiento te amen.

—Tu esclava soy yo, Mendoza —replicó Susana—, no te engañas en pensarlo, porque es tan poderoso amor, que trueca los estados y los imperios, haciendo que sea por accidente lo que no fue por naturaleza. Yo estoy, si te digo verdad, muy afligida, y aun casi desesperada, viendo que la diferencia de tu ley me prohíbe el casarme contigo, y de lo que supe en España, de donde vine niña, conocí nuestro engaño, y por eso os amo tanto, que me ha dado esta inclinación el principio de este conocimiento. Mas, pues ya mi poca dicha me puso en el estado en que me ves, y el de tu amor ha llegado a mí hasta dar con la razón en los pies de mi deseo, yo estoy determinada a hacerte dueño de cuanto soy, sin que tu hermano entienda mi desatino, no porque no debo fiárselo, y más sabiendo, como sabe, lo que te quiero, mas por vergüenza que tengo de que sepa mi poca honestidad, porque no me tenga en poco; que los hombres, en llegando a este punto, a la mujer más principal tenéis en menos, porque os parece que, en perdiendo el privilegio de la

73

castidad, somos esclavas vuestras, y que se puede atrever a nuestro respeto así vuestra osadía como vuestra lengua.

Mirándola estaba Mendoza, y no la respondía, porque hay palabras cuya respuesta son las obras. Fuéronse acercando más, y quedaron concertados para verse aquella noche después del silencio de la familia.

Bajó Mendoza a donde estaba don Félix almohazando un caballo bárbaro en que andaba David por Túnez algunas veces, y sentóse enfrente de él, mirándole. Don Félix le dijo:

—¿Qué tienes, que vienes turbado y encendido?

Tornóle a mirar Mendoza, y luego, bajando los ojos al suelo, dejó caer una tempestad de lágrimas por el rostro, tan aprisa las llovía el sentimiento.

—No es eso sin mucha causa —dijo don Félix; y dejando el humilde instrumento de aquella música, se acercó al muchacho y le levantó el rostro, desviándole los cabellos, que ya tenía revueltos y crecidos.

—¡Ay de mí —dijo Mendoza—, señor don Félix, que ha llegado nuestra desventura a su punto!, porque Susana se ha declarado conmigo, y de suerte, que quiere que esta noche en estando recogidos los criados, la hable con más secreto que hasta aquí, de que estoy cuidadoso, porque podría ser causa de vuestra muerte y la mía, entendiéndolo su padre.

—Necio has estado —respondió don Félix— dándome sin causa este asunto, que no merecía, porque en un instante de imaginación he revuelto el mundo; y ya que estoy sosegado, me he reído de tu ignorancia, pues aunque fuera bien resistir a esta mujer y morir, el estado de nuestro cautiverio no da lugar, y mayor muerte nos espera si no le cumples la palabra; yo, a lo menos, Mendoza, por no corresponder al deseo de una mujer, estoy fuera de mi casa y patria, y cautivo, como ves, con poca esperanza de mi remedio si se sabe quién soy; que no hay esclavo español que tope de quien no me esconda, temiendo que ha de reconocerme. El ejemplo que te digo me obliga a temer nuestra perdición; mira que esta mujer es hebrea, y se acordará de la historia de José si quieres imitarle; además, que has hecho un yerro terrible, que fue condescender con su deseo, pues ahora que se ha declarado y tú aumentado su deseo con la esperanza de la ejecución, ha de revolver como áspid contra los dos, trocado el amor en odio.

Volvió a llorar Mendoza, y como no le respondía, le importunó don Félix a que le interpretase la causa de aquellas lágrimas, que ya le parecían enigmas; que hay ojos que lloran en poesía culta, sin que se entienda más de que son lágrimas. Vencido Mendoza de los ruegos y aun de las amenazas de don Félix, dijo así:

—¿Cómo quieres que yo cumpla la palabra que he dado a esta mujer, si yo lo soy, y estoy admirada de que en tanto tiempo no me hayas conocido? Felicia soy, aquella desdichada por quien mataste a Leonelo, que después de algunas fortunas que me costó su muerte, pasé a Italia, con aquel soldado y de allí a Flandes, donde me dejó en tu servicio cuando se fue a Cleves.

Admirado estuvo un rato don Félix sin responderle, al fin del cual le dijo:

—No te espante, Felicia, que no te haya conocido, que aunque te visitaba, no te veía; tan aprisa miro yo los rostros de las mujeres de mis amigos.

¡Oh palabras dignas de estar escritas con letras de oro en mármoles, para que aprendiera la bestial ignorancia de algunos hombres el respeto que debe a la honra la amistad y el buen nacimiento a la obligación! Que hay hombres cuya liviandad no sabe distinguir la honra de la infamia, ni el apetito de la razón, de que suele resultar tanta discordia y algunas veces tanta sangre.

Creo que no le agrada a vuesa merced esta devoción, con el deseo de saber en qué concertaron don Félix y Felicia para remediar tanto mal como les amenazaba.

Finalmente, salió de acuerdo que a tales horas fingiesen que se quemaba alguna parte de la casa de poca importancia por algún descuido, para que, alborotándose la familia, quedase el cumplimiento de la palabra suspenso, hasta que con más tiempo le tuviesen para mayor remedio.

Hiciéronlo así, y cuando Susana esperaba y Felicia llegó a sus brazos, dio voces don Félix, habiendo encendido un pajar que aparte de lo principal de ella caía a espaldas del huerto.

Dejó Susana los brazos de Felicia, y puesta a una ventana, llamó a su gente, de lo que no era necesario, porque no solo la de su casa estaba inquieta y prevenida, pero la de toda la vecindad, que acudiendo con cuidado, aunque fue más de lo que pensaron, remediaron el fuego y el del amor de la poco honesta hebrea quedó más encendido. No se descuidó de solicitar a Mendoza, aunque él se descuidó de ponerse en ocasión de que le volviese a pedir la palabra; de suerte que a tres o cuatro días de dilación, que amor tan mal sufre, vino David, su padre, y quedaron en paz los cuidados de todos, aunque de su parte los deseos. Mas la fortuna de los hombres, que en comenzando a perseguir un sujeto parece mosca que vuelve más importuna donde más la espantan, y de quien en razón de su mudanza dijo Ovidio:

75

Voluble la fortuna con dudosos
pasos camina, sin tener firmeza
en un lugar jamás...

Quiso que, viniendo un día don Félix de la plaza con su amo David, le topase un moro mal acondicionado, arrogante y presumido de caballero, y deudo del infame original de su engañada secta, como lo mostraba en el turbante la señal verde, y le dijese por desprecio que le llevase a su casa una sera de dátiles que había comprado.

Miró David a don Félix, y él, en un instante, olvidado de que había de fingir flaqueza, se la puso a hombro. Diole Amete Abeniz, que así se llamaba el moro, dos coces, y empujando la sera, se la derribó del hombro, maltratándose con el golpe, porque era de palma muy delgada, de que, recibiendo mayor cólera, le dijo:

—Cristiano, cárgasela a ese hebreo.

—Fende—respondió don Félix, que debe de querer decir señor, amo o dueño—, yo la llevaré a donde tú quisieres, que David está muy viejo y con poca salud.

—Perro cristiano—replicó Ameteó, por Mahoma que te rompa los dientes, y a él le quite la vida.

—Repórtate, fende —le volvió a decir don Félix.

Advierta vuesa merced que no repito otra vez este nombre porque me huelgo de hablar arábigo, sino por no exceder de las palabras de esta ocasión; así me precio del rigor de la verdad, a la ley de buen novelador.

Encendido Amete en ira, quitó un bastón a un moro que pasaba al campo, y dio un palo a David, con que cayó en el suelo.

Parecióle a don Félix que aquel era su amo, y que, en fin, por buena o mala posesión, comía su pan, además de no haberle jamás maltratado de obra ni de palabra, y desviándole el palo al moro, con que le iba a dar de segunda ira lo que faltaba para matarle, le dio una puñada en los pechos de las que él solía, con que le dejó por dos horas sin habla.

Aquí acudieron multitud de moros, como a la mayor causa de atrevimiento que jamás habían visto; pero don Félix, sin querer tomar armas de piedras o palos, con que le embistieron, a solas puñadas y mojicones hizo mayor defensa que pudieran con armas dieciséis hombres: al que cogía del cuello arrojaba de sí por largo trecho, y a donde caía se estrellaba; al que daba mojicón bañaba en sangre y le quitaba la vista de los ojos.

Pero antes que pase de aquí le quiero preguntar a vuesa merced si acaso sabe, pues es persona que conoce a Cicerón, a Ovidio y a otros sabios, y se puede hablar con vuesa merced en materia de definiciones y etimologías, por qué dijo el castellano *mojicón*. Que a mí me ha costado algún estudio, como a hombre que no se ha despreciado de su lengua, que bien sé yo que un culto le llamara afirmación de puño *clauso en faz apósita con irascible superbia*. Pues sepa vuesa merced que no está dicho sin propiedad notable, y es la causa que antiguamente los que querían dar una puñada rociaban y mojaban primero la mano abierta escupiéndola, y luego la sacudían, de donde vino llamarse mojicón, que quiere decir con mojado puño. Esto no lo ha topado vuesa merced en el *Tesoro de la lengua castellana*, para que vea que es razón estimarla en su pureza, pues hasta cosas tan viles no las tiene sin causa.

Finalmente, quedaron algunos moros tan maltratados de esta furia de don Félix, que en casa de su amo se llamaba Rodrigo, que se determinaron matarle a escopetazos. Cargó un mosquete un soldado de la guardia del rey, y, habiéndole tirado, mató a un compañero suyo, que se daba a entender que podría prenderle; y juntándose muchos con diversas armas, que a todas se ponía delante su fortuna, hubieran acabado con su vida si no se hubiera retirado hacia la puerta de una mezquita, de donde salía entonces Salarráez, su rey o alcaide, puesto por el Gran Turco, que esta manera de reyes, como virreyes entre nosotros, usaron los moros en los tiempos de Miramamolín de Marruecos y Almanzor de Córdoba, y así había reyes en Alcalá, en Jaén, en Écija, Murcia y otras partes de las Españas que poseían por la inundación de los árabes en tiempo de los godos. Pues como el rey viese las grandes fuerzas y excesivo ánimo de aquel esclavo, interpuso su autoridad entre su vida y su muerte, con que cesaron todos.

Mandóle llamar a su alcázar, y cuando le tuvo a solas, le dijo que le dijese quién era y que mirase que a los reyes se había de decir la verdad; que le daba su palabra de favorecerle y conservar la vida que le había dado. Entones le respondió don Félix:

—Señor, yo soy caballero de los Guzmanes de España, aunque aquí, temiendo que mi rescate fuese imposible, dije a mi dueño que me llamaba Rodrigo y que era hombre bajo, de los que allá tienen el estado más ínfimo de la república entre la plebe; pero lo cierto es que yo tengo la calidad que digo, y fiado en tu real palabra, mi propio nombre es don Félix de Guzmán, a quien desde la batalla naval llaman el *Bravo*. Yo rendí en Lepanto la galera sultana, donde iba por capitán Adamir bajá, hombre no tan conocido entre vosotros como Uchali y Barbarroja, pero más valiente y de mejor consejo; cautivé en el mar de Libia, derrotado, pues por tomar a Malta, di por el Peñón de Vélez casi en el canal de Túnez. Compróme David, hebreo, con otro hermano mío; el tratamiento que nos ha hecho y el pan que he comido en su casa me obligó a su defensa, porque Amete le hubiera muerto a palos si yo no hubiera, opuesto a tan gran soberbia, defendido su vida; infórmate de moros honrados que lo hayan visto, y si hallares que no te digo verdad, almenas tiene Túnez, alabardas tus soldados, para quien no valen fuerzas.

—¿Que tú eres —dijo el rey— Guzmán el *Bravo*, el de las grandes fuerzas, el matador de fieras y alanceador de toros? Pues mira cuánto has ganado en decirme verdad y tenerme por hombre que guardo la palabra, que fuera de mi inclinación a tu persona y admiración a tus hechos, no he de consentir que te hagan estos moros agravio, ni que pierdas la libertad que tan bien mereces, si no es que te quieras quedar aquí conmigo, donde te aseguro toda amistad, o sea en tu ley o en la mía; que la ley no se ha de tomar forzada, sino voluntariamente; mas déjame ahora hacer alguna demostración de enojo contigo por estos moros agraviados, que se quejarían al Gran Señor si te dejase libre.

Con esto, le mandó llevar a una mazmorra de sus baños[25], donde avisado David, hizo tanta diligencia con el dinero, que es mejor favor para la cárcel, que le pudo regalar con Mendoza, que iba y venía a la mazmorra con la comida, y se estaba con él todo lo que sobraba de su servicio, aunque con disgusto de Susana, que aguardaba las primeras ferias para que, ausente su padre, pudiese ejecutar las ansias de su deseo donde no podía.

Agradecía don Félix la voluntad de Felicia, que, como se había declarado por quien era, andaba más solícita de conquistarle que de agradecer a Susana el amor que la tenía; cosa que pienso le será a vuesa merced de creer muy fácil.

Los moros pedían la vida de don Félix; llamó el rey a David, y le dio dos mil cequíes, diciendo:

—Compra de los quejosos ese esclavo, repartiendo en ellos este dinero, y tráemele aquí, que yo te haré merced y defenderé lo que estuviere en Túnez.

Hízolo así David, y ellos tomaron el dinero con mucho gusto, porque temían que el Duan, que debe de ser como acá el Consejo, le estaba inclinado, y en esta manera de estrados, al fin bárbaros, no hay más procuradores, relatores, solicitadores y escribanos que lo que dicen de palabra los testigos, y acabáronse las leyes; por lo menos, el culpado muere de una vez y el inocente se libra.

Encerróse Salarráez, rey de Túnez, como digo, en un jardín con don Félix, y le dijo así:

[25] baños: *cárceles de los moros.*

78

—Cristiano, caballero eres, Guzmán te apellidas, *Bravo* te llaman, oye: tiene una hija un jeque de los alarbes que viven las campañas en aduares o tiendas, de las más hermosas mujeres que ha producido el Africa; esta hemos pretendido el rey del valle de Botoya, no lejos de Melilla, y yo, con grandes servicios personales y extraordinarios, y finalmente, pedido en casamiento. Sabiendo su padre que, en dándola a uno, había de ser el otro su enemigo, la niega a entrambos, o por lo menos dice que nosotros nos concertemos, que él no puede dividirla. Ha sido este caso tan reñido, que hasta el cristiano general de Orán ha interpuesto a las paces su persona, y el gobernador de Melilla con seguro las ha tratado algunas veces. No pudiendo concertarnos, porque yo pierdo el juicio por Lela Fátima, y juzgo que a Zulema sucederá lo mismo, habrá seis días que me ha escrito este papel (y sacóle entonces), en que me desafía cinco a cinco, con lanzas, adargas y alfanjes a caballo, como es uso nuestro, donde, si fuere vencido, da la palabra de cesar en la pretensión, haciendo yo lo mismo si él me venciere. Yo tenía escogidos los moros, y aunque de todos cuatro tengo satisfacción, se me ha puesto en el entendimiento que si te llevo disfrazado, serás bastante solo, pues no te han de conocer, y ya sabes mucho de nuestra lengua, si bien dudo que en este género de armas no estás ejercitado.

—Sí estoy —dijo don Félix—, y para que te asegures, mañana al amanecer saldremos los dos al campo, y me verás ejercitar la lanza y la adarga, arremetiendo, cercando o retirando, ya sacando el alfanje, derribando la adarga, ya sin él, tomándola por el cuento, con otras gentilezas.

—Esto basta —dijo el rey—, no es menester a ti verte, sino oírte. Replicó entonces don Félix:

—Pues prueba a doblarme este brazo con entrambas manos.

Hízolo así el moro, pero era lo mismo que querer doblar una columna de mármol. Con esto y el secreto necesario, el día aplazado vistió el rey a don Félix de una marlota o sayo morado, guarnecido de oro, con un gran número de botones tan pequeños, que apenas se veían, sobre una cota que había sido de su padre, tan resplandeciente, que parecía de plata, atada con una liga roja, que el mismo sayo descubría, porque solo estaba abonado hasta la mitad del pecho, y descubriendo las mallas de las mangas; el calzón era de brocado morado con alcachofas de oro, y las guarniciones, de perlas; el bonete era de grana de Valencia, con cien varas de bengala sutilísima, armado sobre un casco de acero, y coronado de plumas moradas y blancas; los borceguíes, de Marruecos, y los acicates, de plata, nielados de oro; el alfanje, como media luna, en un tahalí tejido de tan espeso aljófar, que no se veía sobre qué estaba fundado.

79

Si está vuesa merced diciendo que de cuál de los moros del romancero le he sacado, no tiene razón, porque los otros estaban en Madrid o en Granada, y éste en medio de Túnez con una lanza de veinticinco palmos, que aquí no hay que quitar nada, y una adarga de color morado, con una F arábiga en medio, que a la cuenta, pues no podía decir Francisca, diría Fátima.

Todos me contaron que iban de esta suerte, y aunque los caballos no eran morados ni azules, bien podía ser que estuviesen celosos; a lo menos yo no excuso de decir aquí lo que escribió un cierto caballero a un señor, enviándole dos caballos para una fiesta:

« Ahí envío a vuesa merced esos rocines, y le suplico que los trate como quisiera que le trataran si fuera rocín. »

Finalmente, salieron a la campaña, y se vieron cinco a cinco, llamados de dos clarines. El rey de Botoya y su escuadra había vestido grana con pasamanos de oro; y cierto que si, como era la música de clarines, fuera de instrumentos, podían servir en una fiesta con gran lucimiento.

La batalla se comenzó jugando bizarramente las lanzas y las adargas, cuyos botes no pinto, pues ya vuesa merced ha visto un caballero de Orán los días de toros en la plaza, tan airoso, aunque de más edad que pide el ejercicio de las armas, como si estuviera en lo florido de sus primeros años. Mataron los de Botoya a Tarife, Belomar y Zoraide, quedando solos el rey de Túnez y don Félix, sobre quien cargaron los cuatro, porque Zulema y él se entretenían. Derribó los dos primeros a lanzadas, pienso que se llamaban Jarife y Zelimo; al otro mató el caballo, y queriéndose huir entrambos, los fue siguiendo; mas revolviendo el uno diestramente, le atravesó la lanza al caballo por los pechos, y cayó en la tierra muerto, que ya bermejeaba su sangre. Quedaron en tierra Barolo y don Félix, porque Mohamed iba desatinado entre unos árboles, porque le había don Félix hecho pedazos las riendas; aunque arrojándose de él con destreza alarbe, volvió donde Baloro y don Félix peleaban. Era Barolo un bárbaro, hijo de negra y turco, feroz de aspecto, nervioso y corpulento; recibía con destreza los golpes en la adarga, y jugaba el alfange, que era de catorce libras, como si fuera pluma.

He hallado en Lucano, no lejos del principio del libro séptimo, donde describe la gente que llevaban los dos campos de Pompeyo y César, este verso:

Movieron los valientes españoles
sus adargas tan bien...

Y dígoselo a vuesa merced para que sepa cuán antigua cosa es la adarga en España, tomada de los africanos, cuya fue siempre, como se lee en Livio.

No le pesó, con todo eso, a Baloro de la venida de Mahomed, así eran desatinados los golpes de don Félix. Salarráez, que le vio en tierra pelear con dos moros, o ya fuese por amor que le había cobrado, o porque si le mataban le quedaban tres que vencer, a cuyas manos era fuerza morir, arremetió el caballo a desbaratar con la lanza la pelea de dos a uno. Levantó el rostro don Félix entonces, y díjole en lengua arábiga:

—Rey de Túnez, mata a Zulema, que estos dos ya están muertos.

Con esto volvió el rey la rienda a recibir a Zulema, que, malherido, volvia a seguirle, aunque con poco aliento. Esforzó el suyo el valeroso Guzmán, trayendo a la memoria el apellido de *Bravo*, y como si le mirara España en figura de dama desde alguna reja, tan fieras cuchilladas tiró a entrambos, que, habiéndose adargado mal el mancebo Mohamed, le abrió toda la cabeza hasta los hombros, y como al golpe de la segur del labrador cae en la sierra de Cuenca el alto pino, extendiendo los brazos, midió la tierra. Baloro, que le quedaba solo, quiso vengar la muerte de tres amigos, y se le acercó tanto, que, fiado en sus fuerzas, se abrazó a don Félix, seguro de no imaginar que habría en el mundo quien igualase las suyas; pero engañóse de suerte, que levantándole don Félix en alto, como Hércules al hijo de la Tierra, cuya victoria describe Sófocles, se le volvió a restituir; pero de manera apretado, que le faltaba, cuando llegó al suelo, gran parte del alma. Mientras quería animarse Baloro, había ya tomado el alfanje don Félix, y aunque como culebra se revolvía a unas y a otras partes, le hizo pedazos a cuchilladas, y le dejó como suele quedar en la sangrienta plaza a las manos del vulgo el fiero toro. Luego partió a ayudar al rey con tanto ánimo y valor como si entonces comenzara la batalla; pero viéndole Zulema, y que a sus manos yacían sus cuatro valientes moros revueltos en sangre, dijo en altas voces que se rendía, y usando Salarráez de grandeza de rey, aunque era bárbaro, le perdonó la vida, tomándole solamente el alfanje y la adarga.

Don Félix quitó a los muertos las que por la campaña habían esparcido, y cogiendo el caballo de Mohamed, le ató a una liga, y con estos despojos y grandes favores del rey dio a su lado la vuelta a la ciudad, donde causó admiración el verlos, porque de la batalla no se había tenido noticia; que, a saberse, apareciera sobre la caliente arena de aquel campo el anfiteatro de Roma.

Felicia, que le había echado de menos, cuando supo el suceso

81

fue a buscarle, y con tiernos abrazos y grandes encarecimientos celebró su victoria. Grandes partidos hacía Salarráez a don Félix porque se quedase en Túnez a su servicio; pero conociendo, como discreto, que le tenía con disgusto el amor de la patria, sólo quiso detenerle hasta celebrar sus bodas con la hermosa Fátima, en las cuales fue admirada su gentileza de toda aquella tierra, que como a prodigio de la Naturaleza venían a verle; ninguno jugó cañas[26] con mayor gracia, ni hizo mayores pruebas de sus fuertes brazos.

Tratóse la partida, y procediendo el rey generosamente, le dio muchas riquezas, así de diamantes y perlas como de otras diversas piezas de plata y oro. Lloraba Susana la partida de Mendoza, y, despidiéndose de ella para partirse a España con don Félix, le dijo en secreto que era mujer, con que en un instante la curó del mal de amor, como si fuera milagro.

Dio David, agradeciendo la vida a don Félix, un rico presente de telas, sedas y joyas; Susana, a Felicia, un hilo de perlas de valor de setecientos escudos, porque eran netas, iguales y redondas; y con muchos abrazos y lágrimas, se despidieron todos. Salieron al mar, dejando la ciudad, que un tiempo fue tan famosa por Micipsa, que la pobló de griegos, aunque hoy debe de tener poco más de ocho mil fuegos, si bien conserva en las historias la fama de haber sido cabeza de la antigua Numidia, que cae entre la Libia y el Atlante, donde Cartago merece eterna memoria, y la tragedia de Sofonisba; y navegando con más felicidad, saludaron a España.

Estuvieron algunos días en Cartagena, desde donde escribió don Félix a su casa, y en Murcia le alcanzó respuesta, en que le daban cuenta cómo era señor de su casa, porque su hermano mayor había muerto sin hijos.

Aquí mudó traje Mendoza y se llamó Felicia. Desde Murcia la trajo don Félix a un lugar de Extremadura, donde era natural su padre, y la casó con un hidalgo pobre y de buen talle, dándole seis mil ducados de dote, con nombre de prima suya, lo que él creyó fácilmente, porque se tenía noticia de su buen nacimiento.

Grandes dudas le quedarán a vuesa merced del amor de Felicia y los desdenes de Guzmán el *Bravo*, porque parece que en tierra de moros, con tanta privación y soledad, y habiendo sido la compañía de su cautiverio y el consuelo de sus trabajos, no fuera menos que ingratitud no corresponder a su voluntad. Prometo a vuesa merced que no lo sé, y que en esta parte le puedo decir que el trato ha juntado en amistad animales de géneros diferentes a despecho de la Naturaleza,

[26] jugó cañas: *jugar a cañas era practicar un tipo de lucha deportiva que se realizaba por equipos, y en la que los hombres se acometían con cañas.*

y que ningún hombre debe fiarse de sí mismo, de que tenemos tantos ejemplos. El Dante escribe de aquellos dos cuñados que se amaban, sin osar declararse, por ser el incesto tan enorme y el hermano tan gran príncipe, y como siempre estaban juntos, leyendo un día los amores de Lanzarote del Lago y la reina de Ginebra, como él lo dice en su *Infierno*, en persona de la miserable dama:

Y leyendo nosotros por deleite
de Lanzarote la amorosa historia,
encendidos de amor nos declaramos.

Y el Petrarca hace memoria de ellos en el capítulo III del *Triunfo del Amor*, diciendo:

Y los dos de Arimino, que van juntos,
haciendo un triste y doloroso llanto.

Porque fue el hermano que los mató príncipe de Arimino.

Fue muy bien recibido don Félix en su patria, porque llegó a ella, después de muchos deseos, rico, gallardo, galán y en lo mejor de sus años. Llevóse los ojos del vulgo, mayormente de los que tenían necesidad de su favor, porque con todos era liberal, de suerte que jamás llegó necesidad a su oídos que saliese desconsolada; remediaba pobres, deshacía agravios, concertaba paces, y no había en toda la ciudad quien para cosa que intentase le perdiese el respeto.

De la república de estudiantes era don Félix tan adorado, que en versos latinos y castellanos celebraban a porfía sus acciones, y con tan apasionado afecto, que si alguna vez corría en fiesta pública, decían todos a voces: «¡Viva don Félix!» y era tenido por envidioso el que faltaba a esta voz común, por circunspecto que fuese.

Era valiente justador, y de suerte firme y cierto, que no había hombre que midiese con él las armas en la tela[27]. Armábase muchas veces de piezas tan pesadas, que no las podían mover las fuerzas de dos hombres, y echándose en el suelo, se levantaba de un salto con ligereza increíble. Buscaba caballos desbocados y que nadie quisiese subir sobre ellos, y en estos se ponía, y los domaba y sujetaba con la fortaleza de las piernas, de tal manera que parecía que le temblaban, y trasudados y encogidos, se le rendían; jugaba dos espadas y dos mazas con notable gallardía y destreza, y en medio de esta fiereza y valentía, escribía y hablaba tiernamente.

Descuidado de la fuerza y violencia de amor don Félix, y seguro

[27] tela: *campo donde se celebraban luchas y juegos caballerescos.*

83

de la fortuna en su patria, el que tan fuerte había nacido y tanta libertad profesaba, se rindió a un niño, pero niño tan antiguo, que no se llevan él y el tiempo dos horas en tantos años. ¡Qué bien pintó Alciato su fortaleza, o ya enfrenando leones, o ya rompiendo rayos!

De los alígeros rayos
rompe el amor el rigor,
porque es más fuerte el amor.

Era Isbella gentilísima dama, y hermana de un valiente caballero, que se llamaba Leonardo, de lo más noble de aquella ciudad, y aun de España. Guardábase don Félix de ser entendido, y gobernando su secreto con prudencia, conquistó honestamente su voluntad para merecerla en casamiento, no se alargando a más que hablar con los ojos, y con ocasión de otras damas de su calle darle algunas músicas, entre las cuales una noche cantaron así, porque vuesa merced descanse de tan prolija prosa en la diferencia de los versos:

En estos verdes campos,
que Manzanares riega
con agua de mis ojos,
que suya no la lleva;
en estas soledades,
donde a mis dulces penas
ayudan ruiseñores
con amorosas quejas;
entre las secas ramas
de esta bárbara selva,
que ha mucho que le falta
su amada primavera,
y solo un ciprés crece,
por árbol de tristeza,
que en imitar la mía
presume competencia;
me quejo, hermosa Filis,
en amores de tu ausencia;
que lo que está más lejos
se quiere con más fuerza.
¡Ay mar de España, digo,
si pisa tus riberas
aquella labradora
que fue la gloria de éstas!
Así, de más corales

que hay en tu playa arenas,
de Barcelona insigne
los muros enriquezcas.
Que el día que más fiero
y con mayor soberbia
laven tus claras ondas
la cara a las estrellas,
le digas: « Bella Filis,
esto llaman tormenta
ausentes de su patria
que por el mar navegan;
pero las que padece
quien ama y quien desea
el puerto de tus brazos,
en más rigor la anegan.
Tú, cuando empines aguas,
como nevadas sierras,
y caigas de ti mismo,
donde deshechas mueran,
no iguales con los montes
de celosas sospechas,
por más seguridades
que Filis me prometa.
Permite que mis ansias
a tus arenas venzan;
mas ya no las tendrás,
si las convierte en perlas.
¡Ay Dios!, hermosa Filis,
¿qué pastor me dijera,
de muchos que en el Tajo
de adivinos se precian,
que donde España acaba
y el fiero mar comienza,
llegarán tus estampas
y mis amargas quejas?
¡Ay Dios, si te acordases
que en estas alamedas
bañaba yo tu rostro
con lágrimas tan tiernas,
y que cayendo al mío
del tuyo algunas de ellas,
pensaba yo que tristes
lloraban las estrellas!

Aquí te despediste,
y aquí morir me dejas
que yo no tengo vida
para que a verla vuelva.
Si tardas, Filis mía
la muerte está más cerca;
que a los que viven tristes
la muerte los consuela. »

De estas músicas, aunque con letras fuera de propósito, y
escritas a diferentes ocasiones de algunas sortijas, torneos y otras
fiestas, vino en conocimiento Leonardo de que don Félix festejaba
a su hermana, que es lo que ahora llaman galantear entre los
vocablos válidos: que cada tiempo trae su novedad. Enfadóse,
como era tan recatado y gran caballero, y por obviar disgustos con
persona tan bien recibida generalmente, puso a Isbella, con algún
sentimiento suyo, en un monasterio. Más negoció don Félix en esta
diligencia de Leonardo de lo que prometió él haberlo entendido,
porque Isbella, viéndose empeñada, aunque no había dado ocasión,
inclinó su ánimo a ser mujer de don Félix, y tratándolo por medio
de personas nobles, salió del monasterio y se casaron. No hizo a esto
Leonardo mucha resistencia, así por la condición de don Félix,
como porque, siendo prudente y discreto, conoció que no se podía
impedir el matrimonio en dos voluntades iguales, por aquella
máxima de que el hombre no aparte lo que Dios junta.
    Creció tanto la opinión de don Félix, llevándose las almas de
ciudadanos y estudiantes, con tanto aplauso y vítores, que, no
pudiendo sufrir su fortuna algunos caballeros de la ciudad, se
juntaron a matarle, y aunque un paje le dio aviso de este pensamiento,
no quiso prevenirse ni guardarse, y así le dieron entre muchos más
de cuarenta heridas, hasta que cayó en el suelo, de donde le llevaron
a Isbella sin esperanza de vida.
    Aquí entra bien aquella transformación de un gran señor en
Italia que, leyendo una noche en *Amadís de Gaula*, sin reparar en la
multitud de criados que le miraban, cuando llegó a verle en la peña
pobre con nombre de Valtenebros, comenzó a llorar, y dando un
golpe sobre el libro, dijo: *Maledetta sia la dona que tal te ha fatto
pasare*. Pues no se desconsuele vuesa merced, que ya don Félix está
convaleciente, que no se salió el valor por las heridas, y la fortaleza
del ánimo detuvo la vida, que en otro era imposible, no sin
admiración de la Naturaleza. Viéndose, pues, con ella, hizo una
noche fijar una tienda en la plaza, cubierta de diferentes armas, y él
amaneció a la puerta con muchas cajas y trompetas, armado de

piezas blancas y doradas, con vistoso penacho pajizo, leonado y blanco; el tonelete y calzas, bordadas de los mismos colores, oro y plata; botas blancas y un pedazo de lanza en el hombro, con la mano siniestra en la espada, y en una rodela de acero que de un árbol pendía con tres ligas pajizas, leonadas y blancas, un cartel de desafío.

Ponía terror don Félix en la postura que estaba, levantada la visera, por donde solo descubría los airados ojos y los bigotes negros, como rayos de luto de las muertes que amenazaba.

Allí estuvo ocho días, sin que saliese caballero a la palestra y arena, como los antiguos decían; al cabo de los cuales vino un criado suyo armado a caballo, y tocó en la rodela que tenía el desafío. Salió don Félix de la tienda y corrió tres lanzas con este hidalgo, y rompiendo en la última la lanza, volando las astillas por el aire, hizo temblar la tierra.

Lleváronle a su casa acompañado de toda la ciudad, entre muchos instrumentos de guerra, parabienes y vítores, donde estuvo algunos días, al cabo de los cuales dieron cuenta al rey de las Españas algunos envidiosos de aquel público desafío, aunque cierto que virtud tan grande debiera carecer de envidia; y le culparon así mismo de que se quería alzar con aquella ciudad insigne. Fue pesquisidor a esta averiguación, y como nunca a la envidia le faltaron testigos, fueron tales los que hallaron, que le sentenció a cortar la cabeza en cadalso público, y le trajo para este efecto a la Corte. Pero teniendo noticia de este tan gran caballero y de sus partes el excelentísimo señor don Luis Hernández de Cabrera, almirante de Castilla, duque de Medina y conde de Modica, abuelo del que ahora posee su ilustrísima casa tan dignamente y con tantas partes de generoso príncipe, le fue a ver a la cárcel, e informado de su valor, y habiendo leído una cédula que tenía del señor don Juan de Austria, certificación de la hazaña con que rindió la galera ya referida, se le aficionó tanto, que pidió a Su Majestad su vida; el cual, no menos inclinado a su valor, y sabiendo que nunca está sin enemigos, se la otorgó, con condición que no pudiese entrar en aquella ciudad. Fuese a vivir a sus lugares, que no estaban lejos de ella, aunque después, con el favor del mismo señor, que tomó su protección por empresa digna de su grandeza, le restituyeron la libertad de gozar su patria, donde yo le conocí, si bien en sus mayores años, pero con el mismo brío, porque el defecto de la naturaleza del cuerpo no ofende el valor del ánimo.

Este, señora Marcia, es el suceso de Guzmán el *Bravo*; si a vuesa merced le parecieren pocos amores y muchas armas, téngase por convidada para el *Pastor de Galatea*, novela en que hallará todo lo que puede amor, rey de los humanos afectos, y a lo que puede llegar una pasión de celos, bastardos suyos, hijos de la desconfianza, ansia del entendimiento, ira de las armas e inquietud de las letras; pero no será en este libro, sino en el que saldrá después, llamado *Laurel de Apolo*.

PREGUNTAS DE COMPRENSIÓN
DEL TEXTO

El desdichado por la honra

1. ¿Qué le gustaba a Felisardo de Silvia?
2. ¿Por qué no quiso volver Felisardo a Sicilia, aunque el Virrey le invitaba a hacerlo?
3. ¿Cómo llamaban a Felisardo en Constantinopla?
4. ¿Consiguió Felisardo conocer a su hijo?
5. ¿Cómo murió Felisardo?

La más prudente venganza

6. ¿Por qué, en la huerta, comprendió Fenisa que a Laura le interesaba Lisardo?
7. ¿Por qué Lisardo no le pidió la mano de Laura a su padre, inmediatamente?
8. ¿Cómo convencieron los padres de Laura a su hija para que se casase con el señor Marcelo?
9. ¿Qué piensa Lope de Vega sobre los maridos que no son "amorosos", como Marcelo?
10. ¿Qué piensa Lope sobre los que vengan las manchas de su honor con delitos de sangre?

Guzmán el bravo

11. ¿Por qué Leonelo creyó que Félix tenía una relación con Felicia?
12. ¿Por qué no quería Félix que nadie supiese en Túnez su verdadero nombre?
13. ¿Por qué el rey de Túnez estaba interesado en salvar a Guzmán?
14. ¿Qué hizo Félix con Felicia en España?
15. ¿Qué le sucedió a Félix después de casarse con Isbella?

ÍNDICE

• CLÁSICOS DE BOLSILLO •

introducción y notas Susana Mendo
asesoramiento lingüístico Marta Arciniega
cubierta Angelo Bronzino "Retrato de Lucrezia Panciatichi" (1540)
imprime Techno Media Reference - Milán

© 1999 *La Spiga languages* - Milán

distribuido por M E D I A L I B R I distribuzione s.r.l.
via Idro, 38 - 20132 Milán - tel. 02 272. 07. 255 - fax 02 25. 67. 179

IMPRIME TECHNO MEDIA REFERENCE - MILÁN
DISTRIBUIDO POR MEDIALIBRI S.R.L.
VIA IDRO 38 - 20132 MILAN
TEL. 02.27.20.72.55 / 02.25.63.166 - FAX 02.25.67.179

© 1999 *La Spiga languages*

PRINTED IN ITALY BY TECHNO MEDIA REFERENCE - MILAN

DISTRIBUTED BY MEDIALIBRI S.R.L.

VIA IDRO 38 - 20132 MILAN

TEL. 02.27.20.72.55 / 02.25.63.166 - FAX 02.25.67.179

© 1999 *La Spiga languages*